U0057396

AQUARIUS

AQUARIUS

AQUARIUS

AQUARIUS

Vision

一些人物，
一些視野，
一些觀點，
與一個全新的遠景！

| 暢銷經典版 |

於是，我可以好好說再見

——悲傷療癒心靈地圖——

悲傷療癒推動者
蘇絢慧

【原版序文】

走過悲傷的深淵

／薇薇夫人

二十一年前，當我掉進那個我以為永遠爬不出來的、傷慟的深淵時，一位信佛的朋友告訴我一個小故事：

有位婦人哀求佛祖救她病危的母親，佛祖說你去找一個從沒死過人的人家，要一根稻草來，我就可以救你的母親。

佛祖讓這位婦人從那真正不可能的任務中，領悟到死亡是所有生命絕對的、一定的最後終點。

但是當時這個小故事並沒有立刻在我麻木的、悽惶的、憤怒的、不安的、不平的心緒

於是，我可以
好好說再見

中產生撫慰的作用。是的，生命都有死亡，但，為什麼是我的親人？

記不得，也算不清我用了多久多長的時間才爬出那深淵。而直到前幾年我開始能閱讀別人談死亡，談訣別親人的書籍，我才知道自己「走出悲傷」，也「走過悲傷」。

其實，我是這幾天讀了蘇絢慧女士寫的《於是，我可以說再見——悲傷療癒心靈地圖》這本書以後，才能分辨什麼是「走出悲傷」，什麼是「走過悲傷」。「走出」是「被人鄙棄或拒絕於生命之外，成為一段不堪、脆弱、無助的記憶……」而「走過」是「將悲傷的經歷包含在生命之中，是生命走過的足跡，是一段生命不可被抹滅掉的過程。……這過程有殘酷也有情，我們在當中學會拋掉不適合生命的部分，重新接納生命所需要改變的部分。」

也就是說「走出」只是拒絕接受與感受悲傷，長久下來，生命會處在空洞與麻木狀態，失去活的熱情與動力。而「走過」則是感受悲傷感受愛，感受低落與感受熱力。這種感受會讓人「學習勇氣的功課，以及生命智慧的功課，洞察生死意義與生命核心價值的高度智慧。可以將這份淤積在心上的痛楚轉化成生命繼續活下去的勇氣」。

對我來說，這是我從來說不清楚的認知觀點，現在我知道我是「走過了悲傷」，我活得夠豁達、積極。悲傷不會消失，但它不再纏著我以及我的家人和朋友。

作者是諮商心理師，接觸很多案例，也失去了相依為命的父親，體驗加專業，因此這本書有情有理。我覺得最有幫助的是每一章後面的「作業」：分析自己的感受，或是希望得到什麼樣的幫助，或是在人形圖上用彩色筆在身體不同的部位塗上不同的色彩，檢視自己疲累、疼痛或其他感覺，才能清楚的了解自己到底處在什麼狀況之下。只有知道自己的狀況，才能知道自己需要什麼樣的幫助。

不同章節有不同的作業，像「給遠去的摯親寫一封信」，因為不是人人都習慣寫作或寫信，所以作者擬了一封讀者只要按自己的情況填寫的「表格信」，讓處在悲慟麻木的人可以照表填寫。這種抒發的方式幾乎人人能為。

悲慟需要找出口，壓抑會對身心變成各種形式的傷害，但訴苦只能在事發後的一段時間。曾經見過一位父親因喪子，逢人（起先是身邊的熟人，後來則變成陌生人）就悲慟的訴說，日久以後連親友都疲於面對，因為沒有人能承受。並不是別人失去了同情，而是人都需要正常的生活。這些不同的作業可以幫助需要的人，找到不同的出口，把悲慟釋放出去。

跌落在黑暗深坑，或遺失在幽黯深林中失魂落魄絕望的喪親者，常常也會像落水的人一樣，拚命亂抓可以救生的東西。他們身邊會出現各種奇奇怪怪的人物，提出各種奇奇怪怪的方法。也會有親朋好友，左鄰右舍，好心的推介「能解救」的人或物。這時候最需要的是理性的求救於專家，有篇作業是「檢視是悲傷或是憂鬱」，因為喪親者很容易

於是，我可以好好說再見

走入憂鬱，如果檢視結果是悲傷多，表示需要充分的哀悼歷程。如果憂鬱狀態多，則需要就醫。清楚自己的狀況，就不會驚惶亂了方寸。

親人喪去，自己活著，喪親者最怨恨的是為什麼是我要承受？最無奈的是為什麼我還活著（或不能替換他）？作者在書中分析失落的意義，以及「失落以後，你何以活著？」，其中有好的意義和壞的意義，但必須透過當事人探尋與思索整理，不是別人硬給的。如果是硬給的，就變成了說服與權威式的指教，不容人有任何的疑惑與追尋理解的過程。而經過自己慢慢的探索，就能「與自我對話，與生命對話。……相信自己的智慧，開啟生命要你領會的奧祕」。

這本書正是一位專業諮商心理師，一步一步帶領需要的人去「與自己對話，與生命對話」。透過非常實際的作業，為身心療傷止痛。因為逝者已逝，你還活著，活著的人有責任讓生命繼續有意義，而不是變成行屍走肉！有位母親在走過悲傷以後，她在有限的財力下認養了一個貧童。每次接到那孩子寫信，說用她的資助為家人和自己做了哪些用途時，都會十分感動。因為她的付出實在有限，只由於她還活著，她做了一件小事，而有個家庭受惠。

怎樣安慰喪親的親友，對很多人來說也是個難題，因為喪親者處在驚恐的情緒中，有些安慰的話他們聽不進去，甚至還會有反感。作者在〈給關懷喪親者的人——與悲傷的人同在〉這一章中，用一個實例寫出關懷者的困惑，再建議怎樣做，並且也有一個作業，讓關懷者試著了解自己的悲傷態度，才能知己知彼，真正幫助喪親者。所以這本書不僅是痛苦的喪親者需要的，也是一般人需要的知識。

——二〇〇八年十月三日

於是，我可以
好好說再見

【原版序文】

悲傷療癒的自助之道

／蔡昌雄（南華大學生死學系助理教授）

人生難免失落，只要能從中學習成長，意義可以因此更豐富，生命也可以更完整。但是，由失落經驗所引發的悲傷情緒，卻一直是當事人在邁向更完整人生過程中，最難於面對處理的棘手問題。多少悲傷輔導的專家與專書所念茲在茲的，正是想協助失喪者認清困境形成的原因，並提供有效的諮商輔導方案，以協助他們走出被悲傷愁雲籠罩的陰霾。

當我們走在坊間書店，似不難發現不少以悲傷輔導為主題的書籍，這些書中有多種解釋悲傷的理論被提出，案例處理的陳述與討論往往也是不可或缺的一環。但是這些書籍的知識多數是給學術與專業人士參看的，對於那些正飽受悲傷經驗折磨的當事人而言，這些書寫作的基調與他們的處境並不相稱，於是悲慟逾恆的失喪者似乎便只有被動地等待助人者伸出援手了。

不過，在等候接受專家協助之外，當事人難道就沒有療癒悲傷的自助之道嗎？我想答案當然是否定的，本書的出版便是明證。事實上，這本書接近於一本悲傷療癒的自學手冊，讀者可以按照作者所擬定的章節進程，逐步進行自我心靈與悲傷事件的深入對話，以期在發現悲傷意義後有所療癒。但是，有人或許會問，當人陷入悲慟時，這種協助自救的方式真的管用嗎？答案則顯然是肯定的。

意義治療學創始人奧地利心理醫生法蘭克（Viktor Frankl）曾言：「人是意義的動物。」他尤其強調意義是人主動創發，而不是被動給予的道理。悲傷療癒的知識也告訴我們，走過悲傷的歷程並沒有捷徑，真實面對自己的悲傷經驗，並能開放地與其對話，以找出該悲傷經驗對自己的意義，乃是任何一位悲傷者在療癒過程中無法迴避的課題。因此，協助當事人釐清自我對話的課題、思考的角度以及可能運用的資源，便是一本悲傷自療手冊不可或缺的內容。

本書自然具備了以上自學手冊的要件。除此之外，依我個人之見，本書至少更具有以下兩項難得的優點，值得向讀者推薦。首先是，作者所具備的專業能力與個人經驗，使得這本書在理論與實務經驗方面能夠兼具，而且相得益彰。在閱讀本書時，讀者往往會有細聽陪伴摯友叮嚀的溫暖感覺，卻不見一絲專家說教的意味，我想心理諮商工作中不斷強調卻不易做到的同理心，作者確實舉重若輕地做到了。

其次是，在貼近悲傷者處境為其設想，以協助走出悲傷的原則指引下，書中有不少貼心的設計，像是每一個主題之後的實作部分，以及書末附錄的簡易版悲傷關懷步驟都是。不可否認的是，悲傷者在整個生命情境受困之餘，許多情緒都處於混沌不明的狀態，需要細膩的分化過程才能逐步釐清。因此，能以實作設計引導讀者碰觸及探索自身的經驗，便至關緊要，這一點作者十分用心。另一方面，貫穿全書層次分明結構的，乃是生動的個案故事，這也讓讀者更容易進入需要自我對話的主題之中，進而開拓屬於自己的悲傷療癒經驗。

本書作者蘇絢慧小姐曾任醫院安寧社工師，目前擔任諮商心理師的職務。我個人雖與絢慧小姐僅有一面之雅，但因近年接觸安寧照顧與生死學領域研究工作的關係，對她卓越的專業表現早有耳聞，而她過去出版的幾本書籍，我也是忠實的讀者。在閱讀這些書的過程中，我對她以自己早年喪慟經驗為基礎，透過專業理論與實務經驗的反思，書寫出內容生動書籍的能力，留下極為深刻的印象。我揣想這一定和她自身經歷喪慟而能不忘初心，並且不斷在枯燥冷僻的專業領域中，注入人性關懷的生命力與親和力，有非常密切的關係。而這正是人們走出悲傷最需要的生命關懷力量，不是嗎？

有宗教行者曾言：「人的一生，若沒有經歷幾次真正悲傷的經驗，靈性的生命便無法開啟。」可見悲傷經驗在人的一生當中，確實佔有不可或缺的地位，而且傷痛經驗中甚至蘊藏著豐富的靈性瑰寶，等待著人們去開採挖掘。然而，要開挖生命底層的寶藏需要蓄積豐沛的能量，更需要指點迷津的心靈地圖與嚮導，絢慧長期對悲傷者關懷的用心付出，已為本書引來了生命力量的源頭活水，她在悲傷輔導方面的學識與專業，則為自我探索療傷的旅人，勾勒出一幅可資依循的圖鑑，且讓我在此衷心祝福，所有希望從本書找尋療傷止痛出路的讀者，都能夠如願地挖掘出屬於自己的生命寶藏！

——二〇〇八年十月三日

【新版自序】

驟變之後，是療癒與重建的開始

疫情爆發的這三年來，世界非常動盪，時局十分不安，疫情造成的生命變化和起落，讓無數的家庭和個人經歷到瞬間的生離死別；有些人幸能安然度過，有些人卻從此告別至親摯愛、告別人世。

走至二〇二三年年初，疫情似乎終於從讓人聞之色變發展到能和疫情共處，世界各地的人們，也重拾過往生活方式，不論是恢復旅遊、社交、開展各種計畫和行動，在在都顯示大家亟欲告別疫情時期的約束和失去自主自由的感覺，非常想念往日行動自如、無所懼怕的生活。

但不能否認的是，在這兩三年裡，有非常多人告別了世界，尤其在疫情嚴峻時刻，還找不到適當的治療方法及開發出讓人放心的疫苗之前，非常多生命瞬間染疫而離世，來不及和親友告別，甚至連最後一面都未能見到，就必須儘速火化。

為了控制疫情、防止擴散，政府及各單位實施了保持社交距離、居家隔離，及在家工作、上課等政策，讓許多家庭面對到突如其來的生活秩序改變，在忙亂和心煩氣躁的焦慮中，體會到沒有太多社會支持在旁協助和關懷，只能默默地獨自承擔、默默地將過程處理完畢，真是一段讓心好累的經歷。在這幾年，經歷生死離別的家庭，大都能體會那種孤單、孤立無援，必須靠自己的毅力撐住，無聲地獨自把醫療及喪事歷程辦完的處境。

因這短短幾年世界歷經的劇變，當寶瓶文化出版社的亞君社長提議將《於是，我可以說再見》重修新版時，我很快地同意，也認為有這個需要。除了疫情造成的喪慟經驗外，這幾年大眾媒體的盛行，不時會聽聞許多公眾人物的離世，但相關的悲傷調適知識和心理衛生教育提供卻相當有限，未能讓更多人理解喪慟處境和所需要的協助，讓我覺得可惜。若能因為新版獲得社會些許關注，進而在人們喪慟歷程中，提供好的支持和導引，或讓社會多些識能，那麼這本書當初撰寫的初衷，就能再度延展、延續。

謝謝寶瓶文化與大眾的需求站在一起。也謝謝拿起這本書的你，不論是為了關懷身邊的喪親人，或是為了關懷自己的失落喪慟，因為這一份心意，這世界即使有悲傷，仍是富含溫暖的療癒力。

關於新版，先向讀者說明，本書的架構並未做大幅修改，仍以十五個單元（Section）陪伴喪親者走過十五個任務，或可稱為十五個課題。雖然所有單元的任務並非是固定順序，所不是一個任務一定要緊接著下一個任務，但因為我的構想是來自帶領喪慟調適團體時，所計畫和設計的團體架構和歷程，並實際執行及調整過，因此，我將帶領與陪伴悲傷調適的經驗以文字方式呈現在本書中，提供給想要以互助團體或以單獨方式進行調適及療癒的人作為參考、應用。無論個人或團體，除了參考本書的規劃和作業練習外，亦可加入其他的資料和資源，以符合不同屬性、年齡層、性別、地區、文化族群、生活背景……等等人員的需求，特此說明。

新版除了在某些段落的詞語上有所微調，另外，對於喪慟與憂鬱症的說明有較多修改，這是因應《精神疾病診斷準則手冊 -DSM5》的診斷修改而必須有的調整。再加上第一版出版後，已過了十五年，這些年來，我的人生閱歷與專業經歷讓我對喪慟與悲傷有了更厚實及多元的體認，也有更多層次的發現和覺察，因此也補充並融合至舊版，讓新舊經驗有更

於是，我可以
好好說再見

成熟一致的整合。

新版能在我五十知天命這一年重新出版，對我而言別具意義。我幼年歷經至親祖母驟逝、生活突變、頓失所依；少女時未能見摯愛父親最後一面，經歷天人永隔的悲慟；以及後來經歷許多失落和死亡的發生，這些遭遇曾讓我青少年時期的生命蒙上沉重陰影和心理創傷。在各種機緣下，我一路從受傷者走到療傷者，從療自己傷的歷程，逐步走到理解及領悟療傷的知識與方法，成為一位療傷行者，能用長長也短短的生命歲月，在知天命的這一年領悟這就是我的人生，欣慰接納自己的人生情境，也心懷各樣的感謝、感激，讓自己雖曾受重傷卻能得著心靈痊癒，並能領略生命的各種韌性和潛能，貢獻自己的生命與專業獲得，這確實對如今的我來說，是奧妙的福分，除了感謝，還是感謝。

然而，人生有苦，人類的各種苦難相近、類似，療癒之路卻獨特而充滿變數。即使環境有幫助的因子、療癒的契機，然而因為每個個體的差異性是存在的，擁有的資源和先備條件是不同的，在療癒的道路上，無論進程、速度、走向、方式、夥伴……也相差頗大，因此，我仍要以我的經驗告訴各位，尊重你自己的選擇和需求，也友善理解自己的速度和過程，我們不需要把「療癒」當作心急要達成的目標，而是將「療癒」作為迎回自己、重新學會擁抱自己，並如實接納完整自己的心靈旅程，這猶如一趟只有自己體驗的奇幻之旅，也是

於是，我可以
好好說再見

只有自己最能深深懂得的與生命的對話。

願你無論歷經多少歲月時光，你終能有感內心的平靜安然，了然於心地對著自己的生命、對著已離去的人們說出：「**於是，我可以好好說再見**」，並再度擁抱生命、擁抱關係、擁抱愛，因為這是悲傷真正要教會我們的事。

【原版自序】

走在人生的特別旅程

開始撰寫這本書的二〇〇八年二月，父親已離開我的生命整整二十年。這二十年有時前進，有時後退的走過這段悲傷旅程。直到如今，著手寫下這本書時，仍可真實的感受到我對父親深深的愛與濃濃的思念。

失去父親，無疑是我人生中最深刻的痛，影響我整個人的層面很難細說分明。曾經，失去父親後的我走在一段與大多數同年齡孩子截然不同的人生道路上；我的感受與思想變得敏感多愁、灰暗負面，我的行為變得退縮與膽怯，我像走在無人路過與絕對陌生的迷霧森林，從否認憤怒、麻木空洞，到驚慌失措，再走到安於、處於當中，然後，願意

於是，我可以好好說再見

接受這段旅程帶給我的驚奇與挑戰。這樣的歷程，絕不是短短時間表可以達成的。

而最大的意料之外是，我的生命在歷經了好幾次生涯選擇後，竟走在失落悲傷療癒工作的領域上，試圖在有人走上這段特別的旅程時，成為那路過的人，陪著走一小段路，或是稍微分享一些走在這段無人參與的旅程中，可以如何陪伴自己的經驗。

回首初始，進行悲傷工作的前五、六年，我行過台灣各地，不論是進行悲傷輔導訓練過程、失落悲傷相關生命教育課程，或是與失去摯親與摯愛的當事人進行個人諮商，我常聽見許多疑惑：「我想請問要怎麼幫助我的親人走出悲傷？」「我的朋友已經喪親半年了，都還走不出來，我要怎麼幫助他？」「怎麼辦？失去了親人後，我覺得好痛苦、好難受，我是不是有什麼問題？」這些疑惑，顯示了我們對生命遭遇失落事件後的悲傷狀態，感到陌生與不安。

在悲傷療癒工作長時間的努力與投入心力下，接觸社會各層面人士對失落悲傷的認識與態度，我不免要遇到許多社會文化環境對悲傷的不理解與許多的迷思，這是我們長期漠視悲傷的結果，無論是生活經驗上的漠視，或是知識層面的漠視。

我常在演講場合問大眾：「你認為一個人若失去重要的親友，先撇開死亡原因與相關因素，經過多久的時間，那個人『應該』要走到一個比較好的狀態，也就是人們常說的『走出來了』？」

很有趣的，當我在年齡層愈低的場合（例如大專，或是二、三十歲的年齡層族群），他們常常普遍的認為「一個月」、「三個月」、「六個月」，仁慈一點的會舉手表示「一年吧！」這時，我不意外，會半開玩笑地說：「看吧！我們社會對喪親者有多麼殘忍和不理解。」

當然，如果年齡層高一點，例如授課對象是一些照護人員（居家照護員、關懷志工），因為生命經歷多了，遇到的人生處境體會深了，他們往往就會顯得保留與遲疑，甚至有許多時候，他們會紛紛表示「至少一年以上」、「好幾年」、「如果狀況糟一點，可能是一輩子的事」。

暫不談我們的社會同理心與關懷人的能力是不是隨著世代的改變而愈來愈稀微（因那有太多社會文化與個體生活環境的影響在其中），倒是可以發現我們社會愈來愈普遍的求快、求迅速，對喪親的悲傷，也是如此看待。

簡單的看待問題與簡易的處理，大概是到哪裡都會發生的情況。不過，若把人當成事物或問題來看待，一味的求快與求好處理，那麼在悲傷的關懷工作上，便會遇到挫折與困難。像是我在一開始提到的，好像心裡很關心，卻發現自己勸的也勸了、該說的也說了、教訓的也教訓了、勸誡的也勸誡了，怎麼好像沒有幫上忙，那人怎麼看起來還是過得不好？怎麼還是常流淚？怎麼還是常提到那些事？

於是，我可以
好好說再見

這種狀況，我會說是幫了倒忙；心意上是好的，方式卻錯了。在不理解人的處境下，會讓我們覺得事倍功半，吃力不討好。我在這幾年，常推動一個觀點：「悲傷，是需要走過的，而非走出的。」

「**走出悲傷**」好似指悲傷是一個黑洞或深淵，一個人意外的跌入後，基於同情的心理，站在洞外或深淵外的人希望這個人趕快爬出，揮別這段不愉快的遭遇，再大步的往前，別回頭與留戀。於是，這段遭遇被人鄙棄或拒絕於生命之外，成為一段不堪、脆弱、無助的記憶，誰都不愛聽、不愛理。

但「**走過悲傷**」則不同。走過悲傷是將悲傷的經歷包含在生命之中，是生命走過的足跡，是一段生命不可被抹滅掉的過程。也許這段過程有點意料之外，有些讓人震驚、不想接受，但生命仍必須學習面對這未知的旅程。這過程有殘酷，也有情，我們在當中學會拋掉不適合生命的部分，重新接納生命所需要改變的部分。

如果人只是拒絕與鄙棄悲傷，認為那是一段不想被人知悉的人生慘澹歲月，一段不堪與羞恥的痛苦過去，久而久之，逃避與壓抑會使生命處在空洞與麻木的狀態，失去「活」的熱情與動力，而困在這無法知覺的經驗中，既無法前進也無法處理，只能勉為其難的過日子。

我們需要恢復感覺，去感受；感受悲傷與感受愛、感受低落與感受熱力。人若拒於感受悲傷，便也拒於感受愛；若人拒於感受思念，便也拒於感受生命的豐厚。當生命的過去空空洞洞，記憶支離破碎，自我存在處於虛空的狀態，人們也失去了過去、失去了現在、失去了未來。

失落的悲傷，並不是不幸的人才會遇到，也非能力不足或貧窮的人才會遇到，事實上，這是生命的一部分，是必須要去經驗的生命歷程。無論出身如何、地位如何、財富如何，可以確定的是，人生一定會遇見兩件事，一是分離，一是死亡，其實也可說是同一件事。我們身邊的人事物都不會永永遠遠的不變，「有一天分離」是一定會發生的，「有一天死亡」必然到來，這是生命的有限與現實。

就因為失去必然會發生，分離必然會到來，生命便因這樣的一個遭遇而走在一段不一樣的生命景致中。這樣的歷程，為生命帶來衝擊與毀壞，但也同時清理出一些新的空間預備生命的成長與蛻變。當人可以迎向這個歷程，讓自己走在這個歷程中，真實而勇敢的感受與經驗它，當你如實走過這段崎嶇難熬的路程後，你會到達另一處你從沒到過的人生境地，是你從未到過，從未接觸過的地方。你會像是獲得勇氣的獅子、獲得一顆心的錫鐵人與得到智慧的稻草人（取自童書《綠野仙蹤》的隱喻）。

換句話說，你的生命有很大的改變，你不會只是看起來堅強而已。實際上，你真實學習了勇氣的功課、學習了感受的能力（更懂了同理與寬容的本質），以及，生命智慧的

於是，我可以好好說再見

功課。那不同於只為生存而學會的聰明，而是洞察生死意義與生命核心價值的高度智慧。

每一個人的喪親歷程與時間點都是獨一無二的，有不同的處境與遭遇，它無疑為生命帶來挑戰與苦難，但也為生命創造出一個獨一無二的修練場境。每個人都有屬於他的生命議題，需要面對與突破，有屬於他的需求，必須重新學習與練習。那不是誰頂替得了你，不是誰出了手，就能幫你平白獲得成長。那是關於個體如何選擇與決定，以什麼樣的態度與心境來走過這獨特的歷程。

你可以學習更慈愛、更寬容、更珍惜、更敏銳；你也可以選擇封閉、退縮、含恨、逃避與孤寂。我並不想告訴人，怎麼選擇才是正確的價值，我認為每個人都要為自己的生命負起責任，無論你如何選擇，都有要付出的代價。這兩種走向，都需付出某些代價，都非省力、輕鬆的。

如果，你期待自己可以選擇接受這份生命的挑戰，可以將這份淤積在心上的痛楚轉化成繼續活下去的力量，讓自己更貼近生命，更真實的成為自己，更熱愛與接納生命本身，那麼，這本書希望是你的陪伴與指引。事實上，療癒悲傷，重獲生命活力是沒有捷徑的，這往往需要投入心力與持續的堅持，還有足夠的時間與空間。而我相信，也非僅僅是一本書就能完全協助的，本書提供的是一份經驗，是我在親身走過悲傷療癒過程，加上帶領許多悲傷團體、進行悲傷諮商工作後，整理出的心得與經驗。我試圖指引一個方向，試圖讓這本書呈現一個地圖，在我們失去摯親、摯愛，感覺有如隻身漂浮在汪洋中，失去了人生掌舵者時，還是能有一個希望，然後相信會有那麼一刻，能望見陸地，平安的上岸，重新開始踏實的人生。

需要特別說明的是，這當中所說的故事，是由許多不同人的悲傷所改寫或結合而成的，並不特定指明是誰的遭遇。當我接觸許多人的悲傷故事後，我也發現，悲傷故事雖然獨特，但也有相近經驗在當中，因此當我放進一部分故事時，是希望幫助閱讀者連結到自己的失落經驗，並發現在這世上，在看不見的角落裡，也有許多喪慟故事正在發生。這是人的生命之中，必然要遇到的難關；在療傷止痛的道路上，也許，我們並不是孤單一人。

最末章，我則放進對關懷者、陪伴者的安慰、建議。「與悲傷的人同在」是因應許多人對我提出的疑問。許多人有心，但卻苦無方法去解決與面對，愈來愈多人想要知道到底要如何做，或是什麼樣的陪伴才是好的。我嘗試分享我的陪伴經驗，但我也必須先說明一件事，就是文字與語言的限制，即使我以文字說明了，讀者若要能體會其中的精髓，仍需自己的經驗輔佐。我提供的是骨架，至於血肉，還是需要每個人的自我學習與實踐。

最後，希望這本書能給予良好的支持與陪伴。喪親後，我們往往需要的就是友善與溫暖的支持與陪伴，容許人將悲傷的痛苦經驗充分哀悼完成，並給自己機會探索一個好的

於是，我可以
好好說再見

意義，看待人生所遭遇的曲折與苦痛。如果這本書真的陪伴了這個過程，這是我的榮幸，也是生命的一份滿足。

目錄

目錄

Section 1

聽見自己的悲傷故事

年輕的女性如英提起那段驚恐的過程，臉上難以掩藏緊繃與悲傷。她無法抑制的流著淚，她的身體仍有如當初經歷先生驟然而逝時的恐慌而不停顫抖。一邊哭泣，一邊說：「我和先生已結婚四年，孩子剛滿三歲，原本我們的生活還算過得不錯，先生有穩定的收入，薪資讓一家人過著滿舒服的日子。唯一的代價就是先生很忙碌，總有開不完的會議、執行不完的企劃案，幾乎天天夜夜加班。我雖然不忍心，但我們說好要先讓先生拚事業的，先生正被重用，工作上可以更有表現的。這幾乎是每個正值青壯年男性都會努力的事，我們都想讓家更舒服，希望給孩子更有保障的生活。

「但沒想到有一天清早，先生突然摀著胸口，表情十分的痛苦，發出一聲呼吸哽住的聲音後，隨即倒地不起，失去意識，怎麼叫都叫不醒。我嚇壞了，急亂中撥打『一一九』後，我忘了自己是如何度過那些等待的時間。我又急又慌張，不斷探望陽台外看看救護車是否來了，等到救護人員來時，卻告訴我，先生已斷氣了，必須交由警方與檢察官處理。頓時，我們的家變成了死亡現場，而我先生的遺體必須由檢方帶回解剖，確定死因。

「我的先生還這麼年輕，三十五歲不到，怎麼可能會突然的死亡呢？我完全無法置信。當時的我無法理解什麼叫悲傷，也無法知道什麼是軟弱，我照著警方的指示，回答他們的問題，製作筆錄，我完全不知該怎麼反應，有什麼訊息進來腦子要我怎麼做，我就怎麼做。

「我有一種不真實的感覺，覺得這一切是別人的事，不是我的事，我像是在辦理別人的事，無法像是訴說自己的遭遇一般的悲慟與感傷，我甚至覺得這可能是夢，我好希望趕快從夢中醒來，趕快讓自己知道一切都是假的。」

另一位年輕女性靜芸的先生，也是突然心肌梗塞而過世。她臉上滿是哀傷的說：「雖然我的先生有機會送進醫院急診室搶救，但在所有的急救措施施行後，仍然無法挽回性命。醫生告訴我，他到院前其實已死亡，就算救活，也很有可能是腦死病人。我的孩子還沒上小學，我的先生竟然就這樣放下我們？我自己是個醫療從業人員，我在先生急救的過程中，試著為先生找最好的醫療處理，我有許多的醫療資源可使用，但最後這些醫療資源並未改變任何的情況，我在我最熟悉的環境中，面對了先生的不告而別。」

常毅的妻子則是在馬路上被兩輛對撞的轎車波及而被撞倒，當場死亡。因為妻子身上未帶任何證件可以表明身分，一直到深夜，常毅都沒有接到任何的電話告知他妻子已遭遇不幸了。直到常毅覺得不對勁，才和兒子一同到警局報案妻子失蹤，也是在那時候，他才得知原來妻子在上午就已經身亡了。

沒有經歷過程，沒有訊息知道妻子究竟發生了什麼事，突然間被告知妻子死亡，感覺起來就像是場玩笑。若不是看見身體因重擊而破裂瘀黑的遺體，任誰也難以相信一個人怎麼可能說消失就消失。但即便看了遺體、辦了葬禮，常毅在情感上仍然無法相信妻子在生活中不復存在了。他一點也不想提起這件事，一點也不想有任何悲傷的感覺，他努力讓生活的一切維持本來的樣子。當他愈抵抗生活已變了樣的事實，他就愈難調整生活的型態來因應新的人生挑戰，於是無力與挫折就愈多、愈重，終於讓他承受不起而精神崩潰。

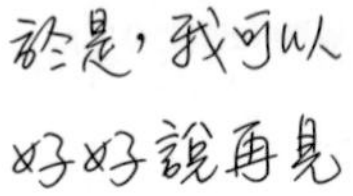

當你讀著這些故事時，你可能很快的就能感覺到這些是令人悲傷的經驗，是關於生離死別的故事。這些故事或許類似於你熟悉、承受過的情節，或你曾經出現過的感受。

當你拿起這本書時，或許正因為你失去了一個很親密的親人或朋友，遭逢了生命前所未有的破碎與斷裂；你可能已走過一大段煎熬的路，或是你正要開始走這段未知旅程。

你可能會懷疑，一本書可以讓心碎與心痛得到治癒嗎？能讓悲傷與思念終止嗎？被毀壞的人生夢想可以重建嗎？

我明白，在夜半想起失去的摯愛和摯親，痛不欲生的滋味，因為我受過；在反覆掙扎中，懷疑自己的人生就此要毀滅的滋味，因為我受過；懷恨老天為何破壞我的幸福，覺得自己是被故意挑出來獨自受苦的滋味，我也受過。

因此我知道，徹底心碎與心痛的感覺是無法完全消除的，破碎斷裂的人生是無法完全恢復的，但這都無礙為你療傷止痛，因為那傷痛的確很疼，也苦。即使只是一時片刻的稍微減輕，我們都要一起試著努力看看。悲傷與思念或許也無法終止，但你需要知道，可以如何表達悲傷與思念，讓你不是肝腸寸斷的獨自悲傷，一個人飲泣，因為那太悲辛、太折磨了。

你可能有這樣的感覺，有太多的時間，你感覺到是自己一個人獨自承受悲傷，你不太確定是否有人能明白與理解你的感受。有太長的時間，你不知道如何向別人說起自己的

於是，我可以
好好說再見

遭遇，你不確定別人在聽到你的遭遇後是什麼反應。你可能會恐懼面對別人同情的眼神，也害怕別人看穿你的脆弱與無助，所以你可能選擇不在外人面前表現出自己對生命無法依照自己掌控進行的無力感。

或是，你開始對這世界感受到許多的未知，似乎這世界變成了陌生的國度，你不確定還有什麼是自己確知或確信的。

死亡，會讓原本的生活扭曲變形；死亡，也讓我們期待的人生就此破碎。

說不出口的失落

先說一些我的經驗，我是一個愛貓的人，最高紀錄同時養五隻貓。每天我和這些愛貓生活在一起，大部分的時間，牠們都做著自己的事，睡覺、捕捉昆蟲、吃飯，或好奇又多愁的遙望窗外。我也習慣於這樣的相處方式，似乎不需太在意牠們，牠們仍是過得很好。

每天早晨出門，關上大門的剎那間，我從來沒有想過，會不會當我返家時，可能已失去了某一隻；每天晚上睡覺前，關上燈的剎那間，我從來沒有想過，會不會在我隔天醒來時，我再也看不見某一隻、再也無法擁抱某一隻。

牠們就是在那兒，各自過著自己的生活，偶爾會走過來討我的關愛和撫摸。世界像是不會改變一般，每天每天，日復一日。牠們有牠們的日子，我有我的生活。有時候生活太累了、過忙了，我回家倒頭就睡，連和牠們照面、說話的機會都沒有。雖然有時會有愧疚，但我想等到我有空時，再來好好摸摸牠們、彌補牠們吧！

可是，有天的早晨，我再也沒有機會撫摸到其中一隻了。在夜半時，牠奇異的從六樓高的陽台跌落到地面，清晨我驚慌的發現牠時，牠的肢體完好無傷，眼睛沒有閉上，卻早已沒有了呼吸。即使，事情已過好幾年，再想起當時觸摸牠已硬化的遺體的悲痛與愧疚，心仍是隱隱作痛，揪在一起。

撫摸遺體的時候，我仍不斷的跟牠說話，問牠是否承受了痛苦？問牠是否痛著了？問牠怎麼忍心突然離開我？問牠，是不是願意原諒我那一陣子只是習慣於牠的存在，好久都沒有陪伴牠、關愛牠的自私？

一想到牠痛著了，我的心便疼痛得無法自已，一想到牠無助的墜樓，我的心就自責不已。

我從來就不認為牠們（任何一隻貓）會突然死亡、突然從我生活中消失。不是應該要相依偎、相陪伴直到地老天荒那天嗎？不是應該要給我一些時間預備分離的焦慮與悲傷嗎？不是應該要道別、說聲珍重再見後才生離死別嗎？為什麼一切都變了調呢？

於是，我可以好好說再見

就這麼一夜，熟悉、親密的一段關係終結了；就這麼一夜，原本想要說出的愛與關心，再也沒機會表達；就這麼一夜，道別和說再見成了這麼難的事。

這不是我第一次面對生活的驟變，也不是第一次體驗到死亡的殘忍並如何帶走我所摯愛的生命。我在幼小的年齡時，祖母與父親皆是突然的從我生命中消失，只有一天的時間，我必須面對他們突然驟逝的消息，沒有任何機會面對面的和他們告別，也沒有機會將心底深處來不及說的愛、在乎、尊敬告訴他們。突然的分離，讓我的生命像是被鉗子扭轉破壞過的變形，既扭曲又難看，找不出任何的美感（這部分的故事，我在著作《請容許我悲傷》、《喪慟夢》和《因愛誕生》中曾提過）。

好長的一段時間，我活在自責、痛苦、悲傷與無力感中。我用很長的時間，用力的壓抑驟然喪親的痛苦感受，我無法言談、無法觸碰、無法回顧發生在我身上的事。我曾經一度認為在我身上會發生這樣的遭遇，一定是我的錯：我命不好、我受詛咒、我罪孽深重。我沒有其他的切入觀點可以理解在我身上發生的事，我不知道該如何安慰自己、心疼自己、幫助自己。我似乎求助無門，只能硬撐在這堅硬沉重的龐大困境裡。

我很慶幸，這些曾經讓我痛不欲生的苦痛遭逢，不是為了將我擊垮，而是帶我走向失落悲傷的療癒工作生涯裡，試圖在這一塊對人失落悲傷遭遇不理解，也不關心的土地上，成為一位過來人，也成為一位深深同理的陪伴者。

說出悲傷的故事

而我能從中走了過來，走向一個連我都意外的人生方向，是從「**我可以真實說出我的故事**」開始的。因為不能說、不知如何說，使我的苦痛經驗長達十幾年處於凝結狀態，像是冷卻掉的麥芽糖膏，動彈不得。我知道我的心裡蓄儲著巨大祕密，我知道我用了很大的力氣掩蓋已發生的事實。這些我都知道，但我能如何？除了不要意識它、不要感覺它，我別無方法。

直到我能說出我的故事，寫出我的故事，畫出我的故事，我一步一步的靠近發生在我身上的真實。我從完全無法開口，一次次的嘗試後，開始吞吞吐吐的說著我完全不知道該從何講起的遭遇，再到可以仔細看待每一個小細節、小部分，然後重新再選擇我要如何說出我的故事，以什麼樣的口吻、什麼樣的語調、什麼樣的情節開始說我的悲傷故事。

能說出自己的故事，便讓那些過往有重新被看見的機會，因為生命的打開，關愛與支持才有流通的入口。也因為說出自己的故事，那些悲傷及喪慟回憶便獲得完整的表達，也有了空間安放它們，不再是無邊無際的影響著生活、干擾著心思意念。

如同丹尼蓀（Isak Dinesen）所說：「如果我們可以把悲傷轉變成一個個的故事，那麼所有悲傷就可以承受了。」一個遭遇可以被說出口，並且說成故事的時候，正代表這個人可以承認在自己身上發生的事，也能面對這些遭遇所帶來的悲傷、痛苦、憤怒與傷害。

於是，我可以好好說再見

但我們無法一開始就說出一個動人的故事，也無法總是一開始就知道該從何說起，我們需要在嘗試中拿捏分寸，也得摸索面對不同關係的人能說到哪裡。有些人的確會給一些不具同理心的回應，或是透露出一種同情、可憐的眼神，但這並不是代表喪親、喪偶的人有多不幸、可憐，而是表示這些人缺乏感同身受的能力，或是不具備適切安慰別人的能力。我們得不放棄的為自己找到一個可以理解、可以聆聽、可以承接的人，好讓我們說出自己的遭逢與經驗，讓本來無邊無際、難以說明的悲傷，因著故事的出現，而形成了一個對象，並面對它、與它對話、與它交流、與它和好、與它擁抱。

小藜的胎兒在腹中五個月大時突然停止了呼吸，她必須接受手術將胎兒取出。在接受手術前，小藜感受到自己強烈的心痛，胎兒是她期盼了好久、努力了好久，才成功受孕的，但最後還是失去寶寶。她哭泣著，深刻感受到自己的無助與脆弱，她氣自己無法成功的保護孩子，她也不明白何以自己就是不能像許多女人一樣，為家人生出健康的孩子？孩子確定不存在後，小藜的生活像是回到原來的步調，似乎一切都沒有改變。沒有人再提起孩子的事，沒有人問過她關於懷孕的事。這件事像個永恆的祕密，只會壓在她的心上，只有她自己清楚知道這一切。

她差一點就相信旁邊親人、朋友說的話：「所有的痛苦都是妳自己想出來的。妳不要想，忘記這件事，妳就會過新的日子。」

沒有人經歷過小藜在手術過程中的掙扎與痛楚，沒有人知道她多麼捨不得她的孩子，沒有人理解對她而言，孩子曾經真實的活在她的生命裡面，與她一同呼吸，與她一同存在。也許對別人來說，他們根本看不見這個孩子的存在，但對她而言，孩子的存在卻是再真實不過的事。

在悲傷的關懷與陪伴中，我總從聽悲傷的故事開始。那些故事看似嚇人、驚駭、殘忍，卻也隱藏著動人又深刻的情感。但因為伴隨悲傷與苦痛，在真實生活中，許多人無法聆聽，無法停留關注，於是遭遇只好被迫消音，只能深深的鎖在心頭，深深的埋葬。

久而久之，那曾經一同活過的生命記憶，隨著時間的風化，漸漸的銷聲匿跡。而某一部分的自己，似乎也隨著親人的安葬，一同陪葬了。當一切都消逝了，生命還留下些什麼呢？那曾經熟悉的摯愛，和曾經熟悉的自己都不復存在了，生命，還能說些什麼呢？

當生命沉默許久，無以言說時，並不表示一切已不具意義或不重要，有時候，是因為太痛與太傷，讓人不忍直視；有時候，是因為太重與太難，讓人不知從何說起。但唯有我們願意去說，願意將悲傷化為故事時，一切才開始能夠承受。

於是，我可以
好好說再見

如果，你也從未知道如何說出你的悲傷；如果，那些悲傷的經驗像是重重的石頭壓在你的心頭上，你一定可以深刻的瞭解自己的悲傷是多麼的真實，那不是虛幻，那不是杜撰，那是你生命中曾經真實發生過的故事。

【作業】
說出你的悲傷故事

試著為自己開啟悲傷，試著寫下屬於你的悲傷故事。若是動筆讓你覺得吃力，可以選擇錄音的方式，像是有一個對象坐在前頭，很專注的希望聆聽你的悲傷歷程與經驗。這個對象不會打斷你的敘說，也不會認為你應該怎麼說才行，你僅需要真實的回顧究竟在自己身上發生了什麼樣的經歷。

也許，這個人會這樣邀請你：

我很想聆聽在你身上所發生的事，那是怎樣的過程？你在當中經歷了什麼？請你慢慢說，以你想說的部分開始。也許，你可以嘗試以這樣的句子做開頭：

事情發生的那一天，我……

於是，我可以
好好說再見

完成後，可以邀請一位你身邊願意聆聽與陪伴的人，完整說出你的悲傷故事。讓你的悲傷經驗透過好好敘說的過程，被你看見、聽見，也被你承認。

Section 2

撫摸自己的悲傷

悲傷中的情緒是錯綜複雜的：

清雲向我提到他有多麼不能允許自己去感受失去妻子的悲傷。妻子的告別式上，他盡責的招呼每個來參加的親友，他怕怠慢客人，勤於招呼、帶座位，把禮數做到。在他的感覺裡，那場告別式是別人家的，不是他妻子的，他像是來幫忙的。

直到他的親人突然之間提醒他：「你在幹什麼？你怎麼還有心情招呼別人？死去的

於是，我可以好好說再見

是你的老婆耶！」那一刻，他像是個原本被拔掉電源的插頭，忽然又被插上電源，情感如電流般的亂竄。「是啊！這不是別人的告別式，這是我太太的……我現在還在做什麼呢？」也在此時，他和自己的感覺接上線了，也終於知道自己確實是有所感覺的。

另一個故事，高健失去妻子一段時間，仍然處於極度的悲痛中，只要一想起妻子歷經痛苦的病症，及在病床前，他如何的陪伴她度過生命最後的三個月，他就難掩哀慟的神情。他們有太多回憶與太多一同經歷的事，生命的某段旅程，他和她是交疊在一起，不分彼此的。如今，妻子雖已離去，他卻不打算告別痛苦，因為他擔心若不懷抱痛苦，他和妻子過去相處的記憶將會愈來愈淡。他害怕有一天，他對妻子的事將失去了感覺。痛苦與悲傷，無疑成了他思念與愛妻子的證明。

在截然不同的情緒展現中，正顯示悲傷的多元樣貌和型態。

當我們的摯愛遠逝，我們屋子會空出一大片，我們的心裡也空出了一大片。我們有一大半跟著不見了，就像一個失去附體的靈，飄蕩在半空中，無以為靠。我們會好想再見到親人，好想再重溫往日情，我們會想起好多好多的回憶，和好多來不及做到的事。我們會懷疑，失去摯愛後的日子要如何過下去，我們會害怕，失去摯愛的日子，還有什麼希望。

失去摯愛的我們就像迷失在大海之中，看不見航行的方向，也不知自己究竟身處何處。生命帶來的打擊，是那麼的沉痛；生命造成的傷害，是那麼的無法消散。像是一道道刻印在胸口上的傷痕，始終隱隱作痛，始終就是存在。說不出口的傷心是那麼多，道不盡的思念是那麼重，任誰都期盼能有一些回音，能有一絲安慰。

駭人的失落經驗

失喪，帶來的強烈痛苦情緒足以毀滅一個人，而更令人無助的是，獨自一個人面對充滿悲傷的自己時，是這麼的陌生，這麼的不堪，於是很多人只好選擇否認與迴避接觸自己的感受與情緒。那些無處引流的情緒，當然沒有消失，只好淤積在內心的某處；而為了不觸碰那淤積的傷痛，只好假裝無傷、無痛，漸漸的，對自己不再憐憫，也不再仁慈。對他人，也慢慢的失去溫度，無法柔軟以對。因為現實太殘酷、太無情，除了讓自己像鋼鐵般的冰冷堅硬，又能如何。

也許很久了，你不再流溫熱的眼淚，也不再有感覺了，你不斷的說服自己除了接受還能如何。是的，就事實的層面，那的確已發生了，你的摯愛離你而去，從此再也無法見面。

但是，不能因事情已發生，你就沒有了權利悲傷，沒有權利探索適應悲傷的方式；你

於是，我可以
好好說再見

所承受的悲傷再真實不過了，既然這也是真實，又怎能拒絕與否認呢？

你就像是隻受了傷的小動物，需要溫暖與愛，需要關照與安慰。如果你還不能舞動翅膀，又怎能被勉強飛翔？如果你還不能行走，又怎能強迫你追逐？你需要讓你的悲傷得到撫摸，認可它可以存在，因為它是你的一部分，你珍愛了它、疼惜了它，便是珍愛了自己與疼惜了自己。

你對悲傷的恐懼，來自於對它的未知與陌生，你不知它是什麼，也不明白究竟它要折磨你到何時，更不知道你要如何面對它的出現。

悲傷中的各種情緒經驗

悲傷，是失喪後最自然的表現，也可說是失落後的自然反應。而所謂悲傷，不只是指悲傷難過（sad）的情緒而已，更不是專指難過、憂鬱的表現或行為。

「悲傷」（grief）是悲傷治療專家沃爾頓（J. William Worden）提出，指稱遭遇失落後各種方面（生理、心理、認知行為）反應的名詞概念。在悲傷反應中，各種情緒反應皆是有可能產生的；自責、害怕、恐懼、震驚、否認、麻木、空洞、哀傷、沮喪、憂愁，甚至是生氣、憤怒……都可能伴隨悲傷而來。每一種情緒的產生，都有它獨特因素與普同因素，就像驟然喪親者，可能都會產生遺憾和自責的感覺。遺憾與自責不能提供挽救或阻止危險，這是普同的現象，獨特因素的差異則有可能是和逝去親人之間的關係，有許多未處理的衝突，或未完成的生活計畫，而產生內疚、憤恨與遺憾之感。

每一種情緒感受之所以產生，都有它的道理，情緒在我們生活的功能便在於：讓我們知道自己怎麼了，或是讓我們知道生命遇到了一些衝擊，有難以調適的事發生了，就像是一個雷達，一個警報系統。

在理解悲傷所產生的情緒反應時，需要瞭解普同性的情緒反應，而個人獨特的情緒反應也是需要被理解的。許多人往往只注意到普同性反應，卻鮮少注意與關心個別的心理因素所產生的獨特性情緒反應，因此許多人才會勸慰：「難過，就難過一下就好了，失去親人的確會難過，你也難過太久了。」或是說：「你遇到這件事，真的很難接受，但你看看，別人還不是很快就接受了。」也就是說，或許人們都瞭解，喪失親人的普同現象是會難過、會傷心、會難以接受，但是人們很難理解個人獨特情緒的來源與發生的脈絡，雖然有勸慰，但勸慰到的僅是較外層的情緒，而不是內在深層情緒。

在處理情緒的諸多方法裡，有一些著重在認知思考能力的改變。認知想法的改變，確實可以幫助我們重新理解那些過去所認定的事物而給予重新的意義標定，進而改變我們的情緒。這的確是很重要的，有時一個想法的改變，便會讓一個人感覺困境頓時迎刃而

於是，我可以
好好說再見

解，然而在悲傷工作上，我體會到，失喪摯親是重大的衝擊，大量的情緒負荷壓得人喘不過氣來，所受到的震盪不僅波及到生理、心理，也影響到人際關係、社會文化等層面，可說是全面性的壓力，如果只仰賴認知思考能力來處理情緒，很容易造成情緒的壓抑與延遲關照，導致當事人更多的身心傷害。

我們得先要接納自己的情緒；情緒常是一種直覺、一種反應。若有情緒反應，正代表個體某些部分提出警訊。可能是身體的警訊，是心理警訊，也可能是人際互動的警訊，或社會關係的警訊。接納情緒的意思便是，不以對與錯批判自己的所有情緒，而可以先瞭解自己怎麼了，產生了什麼情緒？發生什麼事情？這些情緒可能從何而來？

之後，我們才能知道照顧情緒的途徑是什麼。可能是需要多休息，可能是需要大哭一場，或是需要好好抒發深藏在心中已久的糾結情緒、好好回顧人生，進而找尋未來方向。我們需要擴展內外資源，重新尋求支持，無論是情感的支持，還是生活需求照顧方面的支持。

情緒，常常是這樣的，愈懼怕就愈被干擾；愈想忽略，就愈會無法預料的跑出來；愈想克制，就愈會無法控制的蔓延。

正視悲傷反應，才能知道如何好好照顧情緒、照顧自己。以下有一些關於悲傷歷程中的情緒反應說明，或許可以幫助你稍微辨識自己的情緒處於何種狀態，以及反應出的情緒有哪些成分。

哀慟

哀慟含有哀傷與悲痛的感覺，心猶如刀割，似乎身上的某一部分被切割掉，而那一部分是自己最重要、最在乎的。哀慟是強烈的感受，為自己所失落的感到不捨，也為自己失去美好的一部分感覺哀傷。

哀慟並非是慢性情緒，較多時候，是驟然的失落事件發生當下的立即悲痛反應；因著期待落空、因著無以挽回，人歷經了決裂的分離，哀慟的情緒也就相應而生。

所以，當我們確定再也見不到親人，或是我們見到親人傷痕累累的遺體，又或者我們真正的體會親人從此再也不會出現在身邊，都會使我們強烈的經驗「哀慟」。也許，許多人的哀慟會在夢見已故親人時出現，當白天太多角色與身分，或是太多的自我禁令與環境的不允許，只有夜晚來臨，或獨自一人時，才能允許自己釋放內在哀慟的情緒。這時可能會放聲大哭，或流淚不止，感受到心如刀割、撕心裂肺的痛楚。

害怕與恐懼

驟然失去摯愛除了哀傷、悲痛的感受情緒外，害怕與恐懼是另一種十分困擾的情緒。

對親人長期臥病在床的親屬來說，失去親人也是悲傷，但隨著病人的日常功能愈減弱，家人要學會承擔的責任就愈多，必須有人去把生病者的家庭功能與生活責任扛起來。因此，長期臥病的人若死亡，家庭雖仍是悲傷不捨，但擔心自己會「活不下去了」或「無法獨立生活」的感覺會在過程中一點一滴化解，頂替的常是無力感與空虛感，因為投注情感的焦點對象逐漸消失中。

這種因情感投注的對象不見而產生的無力與空虛感，常演變成害怕獨處、害怕回到熟悉的地方；當親人還臥病在家或在醫院時，親屬關注的焦點常是在病人身上，生活中會投注許多的情緒能量，並且想法子讓親人好過一點、穩定一點，當親人最終仍是離去，親屬會經驗到很大的落空：期待的落空、投注情緒能量的對象的落空、生活重心的落空等等，而這些落空足以使人害怕獨自一人，因獨處會強烈感受到空虛與生活狀態的反差，讓人難以適應，甚至很容易覺得自己失敗，付出這麼多努力、花這麼多心思，怎麼自己的親人還是離開了？

這種害怕獨處或害怕最終仍失去親人，是長期照顧患病親人的喪親者，普遍會經驗到的情緒。

但對於那些驟然失去摯親的人，除了害怕獨處外，更多的是折磨人的紛亂情緒：像是未準備好獨立生活、未準備好面對只能依靠自己的生活、未學會許多生活技能、未能知道如何面對。這些都將使得他們對於未來充滿害怕與焦慮，覺得自己一定會過得悲慘與不幸。

另外，害怕的情緒也可能來自害怕自己「無法重新過生活，無法有新的開始，無法好起來」。驟然死亡的原因，常是充滿驚嚇與諸多傷害的，車禍、他殺、自殺、工殤、天災……每一種意外死亡形式都會讓親屬經驗到強烈壓力與打擊，也因壓力與打擊太大，人在日常生活所維持的理智認知能力也會遭受破壞，即使後來依舊要上課、上班、打理事物，但身心所遭遇的影響是龐大的，例如會感覺到力不從心、會覺得無精打采、無法集中精神、記憶力似乎有減退跡象、會感覺到身體的疲累與不想活動、食欲與睡眠也都受到影響、會反覆想起和死去親人有關的種種、會不斷想起死亡當下所發生的情節。這是因為死亡所引發的悲傷，本身便帶有「創傷性」。因此，身心都會產生遭受創傷後所會發生的各種反應。

焦慮

當害怕的情緒，不斷蔓延、擴張，同時重大創傷所造成的失喪意外，其猛烈的壓力和衝擊會導致理智功能一時受損，無法再運作，例如平常的客觀理解能力，在過度恐慌和無助下，加上身體的各種機能遭遇到壓力，產生了自律神經失調、免疫系統功能下降、內分泌失調，生理和心理的交互作用下，焦慮的情況悄悄上身，有些人也會出現「焦慮症」的現象：

・生理反應：如身體莫名發熱發燒、心悸、胸口緊、胸悶痛、過度換氣、腸胃不適、暈眩、口乾、肌肉緊繃、後背痛、疲倦等。

・認知反應：思考混亂、無法專注、過度想像、無法停止負面思考、災難化思考等。

・情緒反應：恐懼、不安、激動、焦躁、恐慌、過度擔心、毀滅感、無法抑制的悲哀、失控感、罪惡感、生氣、憂鬱和煩悶等。

焦慮通常是在極度壓力，甚至是創傷下，很常見的後續反應，其形成的來源除了天生上的性格，及後天形塑的特質和處理問題的慣性模式外，主要還是個體在承受各種挫折衝擊下的超載、過度負荷。面對喪親的歷程，因為牽涉到各種生活和醫療方面的處置、親人及各方的意見衝突、經濟和資源條件的考驗……在在都會令喪親者感到心力交瘁、擔憂莫名，無形中，也就被推向「焦慮」漩渦，一時間找不到安頓及疏解的出路。

空白麻木

悲傷反應的情緒複雜度頗高，並不如社會所認定「失去親人，就應該大哭大悲才對」，很多人都提及他們失去親人的剎那間，是空白的，是掉不出眼淚的，甚至沒有想哭的感覺。如果社會上認為悲傷就「應該」如何表現的話，無法哭、無法表現情緒反應的人也容易被指責為：不孝、不愛死者、沒有良心、狠心、殘忍……

這種無法表現情緒的「空白狀態」，可能是被震驚住了，也可能是因為威脅太大，身心自動形成的防衛措施，暫時隔離真正感受。還有一種可能是，從小到大的情緒常受漠視或批評，導致認為情緒是不好，也是不對的東西，久而久之對自己的情緒不再敏感辨識，因此，即使發生重大的事件，也感受不到自己的感覺、情緒，甚至不知道能以什麼樣的情緒去面對。

我們的社會文化十分高舉理智的價值，十分強調理性的能力。在過分理性，又過分貶抑感性的影響下，可能使人對於生活事件都習慣以理智來反應，即使是遇見充滿情緒、感受的喪親事件，卻因大腦已習慣分析事件，只注重在解決問題的功能上。這樣的情況下，悲傷的情緒不易辨識，容易讓人誤以為是冷淡，或沒反應、沒感覺。

人的情緒感覺需要較長時間的醞釀，或者藉著比較安全（合理）的方式呈現。我遇過許多自稱無法表露喪親之痛的人，他們都談到，當親眼目睹電視新聞裡的悲慘事件，或看見「別人」遭遇了喪親或痛苦時，他們會無法克制的瘋狂流淚，感覺到心痛與不忍，但他們不明白的是，自己身上發生的事都沒有如此反應，怎麼反而是別人的事反應這麼大。

自己脆弱無助的流淚是讓人較難接受的，流下惻隱之心的同情眼淚卻是大眾較能接受

於是，我可以
好好說再見

的。看到別人發生不好的事而引發傷心悲痛的感覺，然後無法克制的流淚，已證明了其實對傷痛與不幸是有感覺的（而且大部分的感覺是來自於過去曾遭受過的經驗引發），但因為是同情或憐憫別人的利他表現，社會衝突與內在衝突都會明顯少一點。

其實，一個人能否真實表達自己的感受、情緒，關連的層面太廣，我們不能太著重個人內在歸因，忽略了社會情境的影響，當然也不能只注重社會情境的影響，而忽略個人的人格特質、處理情緒的經驗、性別因素，和人際互動的交互作用。

當死亡意外發生，人的生命被終止時，往往沒有一個很長的歷程來讓身邊的人慢慢調適，慢慢經驗死亡的靠近。空白與麻木是許多驟然失去親人者會有的感覺，從一個彩色熱鬧的生活場面，突然被提調到一個哀慼單調的死亡場面，任誰都會覺得不可置信，有如夢幻般的不真實。因此，不知該用什麼情緒應對，也不知道自己究竟在經歷些什麼，是驟然喪親者常見的狀態。

憤怒

由於長期受儒家思想的影響，我們的社會文化並不鼓勵生氣，期望人人要知書達禮，一切以禮相待，強烈的情緒不適宜在社會上表現，必須克制或壓抑，以致當我們生氣時，會馬上壓抑或強忍。即使眼神與表情都透露出憤怒，仍然要強壓住，甚至否認自己有生氣的感覺，以各種形式去除自己生氣的感受。

這種對憤怒極度漠視與壓抑的社會情境，使得滿腔憤怒的人無法順利表達，也無法順利進一步掌控情緒，在累積到無可抑制時，反而受憤怒情緒反撲而自傷傷人。

憤怒是強大的能量，當能量不能外放，而必須強壓在體內時，可想而知，內在的狀態就有如一個燜燒鍋，一不小心掀蓋，就會被冒出的熱氣灼傷。我接觸許多內在壓抑強大憤怒的人，他們常是頭痛、胃痛、胸口悶痛，這些疼痛的地方便是鎖住憤怒的所在。

當強大的憤怒無法對外宣洩時，並且因為害怕一宣洩就造成他人的受傷、造成無可彌補的傷害，這股攻擊能量便會轉向對付自己，這稱之為「迴射」；等於對自己做了想對別人做的事。那些傷害自己，想了結生命的人，便是內在有強大攻擊力量，卻又不允許表達與表現的人。例如：我可能因某件事被誤解了而感覺憤怒，但我的憤怒反而被斥責，或是我的憤怒被視為不合理與不應該（像一個孩子被教養無論如何不能對父母長輩生氣），這樣的憤怒很可能轉向自己，攻擊自己的身體與心理，不自覺的想傷害自己，以達到發洩憤怒的作用。

憤怒一旦產生，便得做些選擇，要讓它往外抒發表達，還是往內自傷、自我攻擊。

為什麼特別提及憤怒呢？因為驟然喪親者，對於所愛之人的離去，可能產生許多的憤怒：幸福與安定的生活被剝奪的憤怒、生命安全受威脅的憤怒、生命被惡意對待的憤怒。這些憤怒能量強大，憤恨得想要找出誰是那個扼殺了生命幸福的罪魁禍首。

但面對諸多驟然死亡的事件，要找到那個罪魁禍首，常是不容易的。若是人禍，如他殺，很難一時片刻抓到凶手，即使抓到凶手，還得歷經漫長的訴訟與等待，找出確切證據的司法判定；若是醫療糾紛或是車禍肇事，相同的，也得歷經漫長找出真相過程的折磨；若是天災，就更無語問蒼天了，因為向來責怪天、罵老天無眼，在人們眼中不是一件好事，因為對一個篤信「命運」、篤信「上天自有安排」的民族來說，人是無力鬥天的，愈快臣服、愈快接受愈好。

所以，連要怪天、怪神的機會都沒有。換句話說，你誰都不能怪，你只能怪自己。怪自己命不好，並任由滿腔的憤怒轉變成強烈批判自己的聲音，成為強大懲罰自己的力量。內在便是殘忍的戰場，直到把自己鬥垮、傷痕累累為止。

合理的空間與時間，才能發洩內在的憤怒，當然這些發洩的方法都必須是安全，不傷害任何人生命的。例如選一面空白的牆壁，對著牆面說出來、喊叫出來，或是寫出來（寫日誌）、敲打出來（敲鼓、打抱枕）、捏出來（捏陶土），這些都是能將內在強大力量外放出來的方法。當然，如果旁邊適時出現支持的力量是最好的。我在助人發洩憤怒的過程裡，會告訴當事人，你很安全，你的憤怒不會傷害任何人，你只是想發洩內在憤怒的情緒力量。不要吞回去，將憤怒說出來、表達出來。你不會傷害別人，也不會傷害自己。

憤怒，其實就是一個階段、一個過程、一個因應生命被破壞的自然情緒反應。找到一個安全的發洩方法去釋放，比找一個把憤怒壓抑回去的說法，還重要。

孤單寂寞

失落會產生一種強烈的空虛，特別是失去了一位重要且親密的人之後，那種感覺十分孤單。孤單不是單獨，單獨是人存在的必然狀態，因著人原本就具有的獨特與個體性，我們無法時時刻刻與他人共融，必然有著無法與他人共享共有的時刻；即使我們有許多的親人、朋友圍繞在身旁，但總有一些時候，還是會感覺到與他們之間有些距離。他們不能明白內在的我所經驗的，我們會需要獨處，會想要貼近自己，享受真真實實和自己同在，這時候，單獨不可怕，是一種完全成為自己的狀態，充實做自己的時刻，這時候的單獨，是一種確立自己存在的個體化。

但孤單是可怕的。孤單常和寂寞連在一起，感覺到自己孤立無援，感覺到自己內在空虛空洞，感覺到人生茫然、失去重心，不知自己何以存在，常常會想著，我的存在與否沒人關心，也和任何人沒關係，沒有人和我一起哭一起笑，沒有人在乎我發生任何事。

於是，我可以好好說再見

這種受忽略、沒有人分享生活心情、沒有生活依靠依戀的孤單感覺，很容易侵襲一個人的心靈，讓人感覺沒有價值與空虛。所謂生無可戀的感覺，很折磨一個人的存在意志。然後，我們會以為只要有另一個人存在，折磨人的孤單就會消失，就不再擾人。

想要轉移掉痛苦的事，也是人性的一部分；有了一個缺口，想要找東西把它填起來，似乎也是人的本能。

一個人的生活，需學習獨處，懂得真實接觸自己，懂得照顧自己和安排自己，無論有沒有人再走進生命中，與我們共度人生，我們都有力量在人世中繼續活出我們要的生活。若我們冀望他人來拯救孤單落寞的生活，自己卻無法發展追求滿意生活的能力，那麼當他人做不到，或不如我們的期望時，我們就會怨，會再度經歷第二度落空、第三度落空……

孤單的情緒感受，另有一大部分的原因來自於：「過去和我走過一段生命歷史的人消失了。最能瞭解我生命中某段經歷的人不在了，即使再認識新的人際關係，但過去生活歲月的痕跡，因為某人的消失，變得無法再與人共享，或者再也找不到一個人這麼瞭解我、懂我。」這種生命記憶被切斷、切割的感覺，讓人好生唏噓及感慨；那一大段無法再分享的記憶，也讓人的生命頓時空洞了起來，很不真實。

失去重要親人，那曾深深參與我們生命的人，孤單是避免不了的情緒，也是必定歷經的過程。或許藉著深度孤單，我們再次深刻感受這個我們失去的人，曾經如此為我們的生命付出、守候、停留與給予。他所做的，我們曾經一度以為是天經地義、理所當然，但在失去之後，我們才發現，原來他所給我們的愛是這麼豐厚，這麼的美好，這也是一份值得感受和感受的深厚情感。

自責愧疚

自責、愧疚是一種難受的情緒，來自於我們認為別人的不幸是我們所造成的，或是別人的厄運與我們有關係。當我們還小的時候，普遍都有一種經驗，就是我們惹他人不高興與不快樂，而他人要我們為他的不高興或不快樂負責。換言之，我們會有一種想法：若我們沒有做錯事，他也不會這樣生氣或難過。

這樣的自責愧疚感受，就是我們在告訴自己「我做錯事了」，或是「我是不好的，才會發生這種事」。

如果親人離開得太突然，我們會很懊惱，甚至責備自己沒有避免這種不幸事件的發生。我們會心疼親人所受的痛與苦，感受強烈一些時，會好像自己也感同身受到發生在親人身上的痛苦感覺；由於感受太強烈，便會希望遏止這事件的發生。就像親人意外墜樓，便彷彿感受到親人跌落時的驚嚇，與跌落後的劇痛感受，內心感到好心痛及不捨。

於是，我可以好好說再見

我們就像也承接到了那樣的感受，好想阻止該事件的發生，卻發現，現實中的我們無能為力，無法改變這不幸，而且會衍生出更多的負向念頭，以批判的口吻告訴自己，哪裡沒做到、哪裡沒注意到、哪裡疏忽了，才讓親人面對這種厄運和不幸。

這種自責感受包含著痛苦，也包含了無法寬恕與原諒自己的想法，甚至多了一些強迫的念頭，強迫自己非要為此負起責任不可。這時，一方面過度放大了自己的缺失，一方面也過度忽略環境中的複雜因素。

愧疚則加入了許多「羞恥」、「丟臉」的感覺，除了覺得是自己的錯，更有種無地自容的羞愧感。很常見的，當我們因喪親的事件而自覺身分受損，或自覺因此蒙羞時，愧疚感可能因應而生。像是許多失去寶寶的母親，認為自己是命不好、有罪孽的女性，沒有福氣擁有孩子，而自慚形穢，覺得自己不配身為女人、身為母親；或是，當我們的親人是因自殺而離世，社會的不諒解與諸多的怪罪，也可能使人感到蒙羞；又或者，在我過去關懷臨終病人的經驗中，一位年輕女性罹患癌症即將臨終卻被家族視為不祥之人，而拒絕讓她返家彌留，她的母親也一同承受了這份委屈與愧疚，好似自己真的是使家族不幸的罪人。

我在悲傷療癒工作的經驗中，也常接觸到失去另一半的喪偶者，因著自己社會名稱的改變（社會以鰥夫、寡婦名稱將他們歸為某一群人），而感受到社會的歧視與輕視。許多喪偶女性都曾跟我提到，家中沒有男主人後，鄰居不是幫助與關懷，反而在知道她沒有依靠後，得寸進尺的侵犯權利或騷擾，或是以異樣眼光對待。她們充滿委屈，同時覺得羞愧，感到被瞧不起、歧視與嘲笑。

不良善環境所引發的感受也是一種真實的感受，是喪親調適歷程中所要面對的真實困難，這絕對不是「不要在乎」就能輕易化解的。這情緒的發生關乎到的是，你自己如何看待自己，是否也以別人的價值與眼光評價了你自己，是否在你過去的生活中，你也曾以如此的價值觀評價了別人、對待了別人，因此難以接納如今自己的遭遇與改變。

這樣的感受裡有值得我們細細探索與好好整理之處，這代表我們過去認為的價值感受到衝擊了，如今價值感崩盤，我們需要瞭解如何重建自我價值和自尊，不因喪親經歷而錯怪自己並毀滅自己。

遺憾來不及

遺憾，讓我們知道「錯過了什麼」。遺憾，來自於過去我們總以為，還有時間可以去規劃些什麼、做些什麼、表達什麼，卻突然間發現，我們再也沒有那樣的機會了。

我們可能會在遺憾發生後，想起自己原本要對親人說的話來不及說了，原本要為親人

於是，我可以
好好說再見

準備的一份禮物，再也送不出去了；或是原本答應親人的一件事，再也不能去實現了。

遺憾的感覺，讓人哀傷，同時心酸，混雜著其他各種情緒感受：自責、難過、愧疚、氣憤、懊悔等等，內心多希望可以再有一個機會，完成那來不及的遺憾。當然，遺憾之所以成為遺憾，便因為那是不可能完成的了。

許多人在親人離世前，都沒有機會再見親人最後一面，也沒有機會讓對方知道，對方在我們內心是非常重要的人。也許累積在心中的思念、愛與許多的珍惜再也不可能說出口了。那樣的遺憾往往是不容易消逝的，反而是一種深刻體會，當回想起曾經遭遇的失落悲傷，便能很快的體會到生命中曾經有所遺憾。

如果問，遺憾對於人生有什麼意義可言，或許遺憾讓人學習了什麼是珍惜。當我們體會到人生不是永遠有明天時，我們才能珍惜今天，與此時此刻的珍貴。

脆弱

真實的人生裡，堅強和脆弱如同其他事物，有高點就會有低點；我們不會永遠脆弱，也不會永遠剛強。

脆弱的另一種意義是，讓我們有機會放鬆下來，為生命挪出一些空位，好讓新的東西可以進入。

有許多喪親者在自己脆弱過後，調適過後，接受過幫助後，長出了不同以往的力量，能轉而成為許多人的幫助與支持，這正是因為他受過照顧，他知道該怎麼來處理傷口，小心照顧。他讓新的東西進入他的生命，使得他也有新的東西進入別人的生命。沒有接受過照顧的人，不會看清楚自己的傷是什麼樣子，也不能體會什麼樣的過程能讓傷口癒合，他所用的只有掩蓋與置之不理。因此，遇到另一個受傷的人，他所能給予的便是勸告這個人：不要理會、不要關注、不要逗留，假裝沒有傷痛。往往那外表看似非常堅強的人，內在最脆弱的部分便成為了禁區，沒有人進去得了，當然也不會有機會獲得任何人的撫慰，包括他自己的。

《聖經》中有段經文在論述「福」，記載在〈馬太福音〉中。經文中記載著耶穌所論述的八福中，其中說著「哀慟的人有福了，因為他們必得著安慰」，這是一種來自天國的應許，哀慟的人，能夠得著他們所需要的安慰。但是，如果有一個人無法感受到他的哀慟，或是忽略他的哀慟，安慰也必然無法到來。

從失落後的情緒反應來看，失落後的悲慟難捨，害怕傷痛，無疑讓人可以真實感受到生命的脆弱，體會自己的限制。若人無法接受這些真實感受，便會拒絕接受他人的安慰，也會拒絕關照並撫摸自己的心靈，如此便會將自己推向孤寂的絕境，封鎖自己的生命與任何其他生命的連結；當然，生命也終究領會不到人生還有可能的修復與幸福。

於是，我可以
好好說再見

【作業】

試著感受、承認，並說出你的情緒感受

先給自己一個空間靜下心來，腦袋放空，深呼吸兩次，閉眼睛，感覺你的感覺，一邊呼吸，一邊感受自己。然後選擇有下列情緒感受的字眼開始，完成你的情緒句子：

我感覺到好無助，

我感覺到好遺憾，

我感覺到好痛苦，

我感覺到好孤單，

我感覺到好害怕，

我感覺到好脆弱，

我感覺到好憤怒，

我感覺到好內疚，

我感覺到好悲傷，

我感覺到好焦慮，

我感覺不到我的感覺，

其他，

真實的接觸自己的內在情緒感受，不給自己評判和評價，僅僅真實的容許它們確實存在於你的生命之中，不去躲避，也不去掩蓋；它們構成了你對生命的體會，也幫助你瞭解你的生命究竟被改變了什麼。慢慢走下去，我們將要走到體察到生命被這強烈撞擊之後，究竟破碎成什麼樣子。

Section 3

什麼被改變了？

愛如的父親在上班的途中突然心肌梗塞而倒下，當愛如趕到醫院時，醫院告知愛如，父親到院前已死亡，要愛如將遺體送往他處。愛如不敢置信，但還是盡量聯絡親人來協助處理。從那天之後，愛如一直感覺到自己有很大的憤怒，對周圍的人充滿敵意，更是痛恨醫院，痛恨醫療人員。而讓她最難接受的是，原本的出國深造計畫，緊急的被家人阻止，因為家裡的經濟出了嚴重問題，長期以來擔負家計的父親，其實在外頭有許多負債，如今這些負債都落在家人身上，包括她。她突然覺得世界變黑暗了，她的人生已不可期待了。

另一個故事，有為的妻子在生產時，因意外的大量出血而失去生命，留下了他和剛出生的孩子。有為不敢置信，怎麼可能會這樣？不是應該一家三口開開心心的出院，快快樂樂的迎接新生命報到嗎？妻子怎麼這樣就遺棄了他和孩子呢？他不敢置信，同時感到心痛。妻子一定很遺憾不能看著孩子長大，一定也遺憾在他們的生命之中永遠缺席了。而自己的未來要如何過下去，他想都不敢想。

我們的生活實在太容易，也太常出現教人如何能「擁有」，以至於我們完全意識不到意外發生的可能性，也想像不到我們可能會突然失去某樣心愛的東西、失去某個心愛的人。那些教人如何「擁有」的廣告與行銷，像是：只要你撥打這支電話，你立即擁有時尚精品、完美身材、健康身體、百萬收入，不只有智商高人一等的小孩，連體面稱頭的新娘和丈夫都找得到。

我們努力在生活中設法擁有，拚命的擁有，「擁有」帶給人無比的安全感，顯現自己的優越與獨特，也為我們驅離「空無一物」、「一無是處」的哀戚與落寞。沒有多少人述說著生命裡充滿了「失去」。「失」與「得」是人生裡同樣存在的狀態。若我們學習如何去擁有，我們也需學習如何接受失去。事實上，當我們在擁有的同時，失去便已經同時發生。

於是，我可以
好好說再見

擁有一位伴侶的同時，也同時失去了屬於個人的空間與時間；得到一份工作時，也同時失去了某些自由與自主；擁有了成人的某些權利時，也同時失去了身為孩童的某些權利。擁有與失去並不是絕對好與絕對壞的極端境地。

而失去的同時，往往也表示新的生活型態、生活目標、生活空間，即將要因應而生。只是，重建生活或是重新找到生命重心的過程，並不容易，不僅吃力，還讓人驚慌。這都是因為「改變」發生了。

生活世界破裂

當生命軌道破裂，不再如往常狀態時，生命會被迫停滯，無法前進。當生命所發生的經驗，無法向世人說出口、不知如何說出口時，我們和世界的關係，也隨之斷裂。

重新認識這個世界，是遭遇重大失落、痛苦經驗需要走過的歷程。

過去認識的世界，共同經歷的生活，在摯親離去後會全變了樣，從此再也不同，世界猶如虛幻般的讓人感覺不到真實。死亡事件勢必會讓生活起很大的波瀾，讓人原本建構好的生活型態、生活信念都為之動搖。

在遭逢喪親之後，我們真的從心裡體會到「人生無常」的道理，也才真的意識到生命真的有時間限制、人生真的有死亡。

生活世界的改變，不是簡單的以為「就是一個人消失不見了」。一個人的消失，牽連的層面相當廣大，無論是生活習性、生活態度、生活步調，甚至是人生信仰、信念都會經歷很大的變化，會有好長一段時間，是處在不確定、不知該怎麼規劃、怎麼往前走的困境中。

就像：有些人相信做好事就會有好報，但現實生活卻不是如此；有些人相信尊敬鬼神，就能逢凶化吉，現實生活也不是如此；有些人相信自己有能力掌握人生、掌握命運，現實生活也不是如此；有些人相信只要自己夠聰明、夠優秀，就沒有什麼事情會擊垮他，現實也不會是如此。

親友的消失

連往來接觸的親友，也將大不同於以往。「通訊錄的改寫」是許多喪親者都會提起的經驗。

在好幾次喪親者的團體聚會中，都會有人提起過去很熟、交往甚密的同事、朋友，如今像是失了蹤似的，沒來半通電話。有的即使打電話來了，但談話就是無法像過去一樣，

於是，我可以
好好說再見

許多觀念、感受想法都很難再溝通。親友們無法理解他們喪親後的感受，讓他們在難過、孤寂時，不斷的翻閱電話簿，卻找不到一個適合打的電話號碼。這種失落也是一種悲傷。這樣的時刻，難免有所感慨：「怎麼關係變得如此？」也會有所感慨：「怎麼生活變得如此？」

但是，我們也可以發現，在失喪過後，生活中的人際關係改變，通訊錄確實剔除了一些親戚朋友，覺得無法再和他們如從前一樣的交往聯繫。但通訊錄也會在經歷失喪過後，加添了一些新的親戚、朋友進入。這些親戚、朋友是過去根本不會有機會認識、相遇的，卻因為失喪的經歷，把我們和他們的生命連結在一起，成為我們生命新的資源與幫助。

當然，在失落悲傷歷程中，也重新排列了重要的親友順序。過去，以為是生活中重要的親友，此刻才特別感受到那是建立在一些利益上頭，而當摯親離開後，利益隨著消失了，一些親友也跟著消失了。同樣的，有時摯親的離開造成了某些利益，使得一些看上利益的人突然出現，當發現無利益可得時，那些人又瞬間離開。

親友們在這當中的來來去去，讓人不得不經歷疲累與心涼，人間冷暖在這一刻變得很清晰、很犀利，即使想麻木感受，卻也很難不體會到人間的殘忍或真情。

生活型態的改變

失去一位摯親，改變的還有生活的面貌。也許，每天早上，不再有人喚你起床；也許，每天晚上，不再有人伴你入睡；也許，無論你到哪裡，都不再有人等你回家。

我聽過許多失去妻子的丈夫對我說，在外工作後，回家望著一屋子的髒亂，與一堆無人幫忙的家務，強烈的感受到疲累，也才體會到過去妻子如何辛苦的把家打理好。我也聽到許多失去丈夫的妻子和我說到，當家裡遇到了突發狀況，或是有什麼需要男人處理幫忙的地方，即使是簡單的換燈泡、水管不通等小事，都會讓她們體會到家裡沒有了支助、沒有了依靠。

在喪親之後，因著生活型態的改變，我們必定會面對到必須重新學習的時刻，有許多新的經驗會一直來、一直來。過去，摯親還在的時候，根本不可能會遇到那樣的狀況，也不需要擔憂什麼，但因為摯親的消逝，許多未曾經驗，或未曾思考過的問題都會冒出來，讓人感受到層出不窮的壓力。

有時候，那或許不是什麼看得出的大改變，但許多的小改變卻散布在生活的每一部分，就如同餐桌的某個位置上，再也不可能有那位親人出現，或是再也沒有人會提醒你，哪些生活瑣事需要處理。

過去認為是嘮叨的，過去認為是無謂的，甚至是爭吵的，卻在生離死別之後，體會到另一層不同的意義。

而這些生活中的改變，不是身歷其中的人幾乎完全感受不到。也因此，外人常不能體會在喪親之後的悲辛，生活中處處布滿需要重新調適的狀況。當一切事物都需要重新適應，人的步調也就緩慢下來，許多情況已無法像過去一樣立即反應。如果無法理解這樣時刻中的人的處境，苛責與誤解便會產生。

家人關係的變化

我也常聽到喪親者會提起家庭處理悲傷方式的衝突。家人雖住在同一個屋簷下，也一起歷經喪親的失落，卻不一定是最能獲得情感支持與安慰的來源。為什麼如此呢？很多人問。這當中有許多可探討的；關係距離的深淺、生命發展的任務、痛苦與壓力的忍受度、外在內在支持系統、家庭情緒表達方式……都是值得關切的點，另外，家庭系統都有維持衡定的特性，如果無法衡定，家庭可能面臨極大的毀壞與瓦解。

雖然我們是一家人，家庭也常強調著忠誠，但並非每個成員之間都有著相同分量與質地的情感關係，這是不容否認的。在相處的共同生活經驗中，家庭內的成員彼此之間的連結與緊密度也極不相同，一旦死亡事件發生，分離所帶來的情感衝擊與關係損害也將有所差異。這樣的差異，也將影響悲傷反應的長短強弱狀態。

一對夫妻感情持續有衝突，鮮少溝通、互動，使得丈夫互動的對象大都在於兒女，他關切兒女、無微不至照顧兒女，對妻子只有指使與輕視。當這位丈夫過世時，妻子有了自由的感覺，雖然還是有悲傷反應，但因為情感關係早已獨立開來，少有依附，於是妻子很快就能獨立自主的安排自己的生活，反而是兒女因父親一直是情感上的依靠，失去了父親，使他（她）面臨很大的失落，悲傷難以撫平。

相反的，若是一對夫妻感情融洽，很親密，彼此都是對方的依靠與重要支柱，反而是兒女已獨立自主，有自己的生活圈、生活安排，那麼當丈夫死去時，妻子的悲傷將可能是家中最沉重與龐大的，兒女雖也是悲傷不捨，但生活還是可以持續進行。

我常遇到人詢問我家中有個很悲傷的人，該怎麼辦？怎麼拉他走出悲傷？

我也常遇到家中最悲傷的人問我，為什麼家中沒有人懂得他的悲傷、他的痛苦？

被兩邊問問題的我，不免感慨，如果他們可以稍微往對方的方向走近一點，那麼他們的距離或許不會這麼大，不會這麼疏離。

當家中有一個人極度悲傷時，相對的，這個家必然有一個人極度冷靜或理智；同理，若家中有人極度想快快走回生活步調，必然有人會遲遲留在回憶的思潮中。

因為，我們是求衡定的家庭？有人強，便有人弱；有人理智，便有人感性；有人一直照顧家人，便有家人會持續被照顧。

一個悲傷反應強烈的人，因為悲傷難以被理解、被接納，可能因此發展為更複雜、更漫長的悲傷狀態；而一個封閉感覺，急著恢復生活步調的喪親者，也可能因為面對一個相當悲傷的親人後，擔心家庭癱瘓，擔憂造成親人更強烈的悲傷反應，或更大的心理負荷，決定更不坦露自己真實的悲傷。兩者都因為沒有機會讓自己經驗到不同的狀態，而走向極端。

換句話說，悲傷強烈的人，需要好好的經驗悲傷後，從生命的谷底中走過來，漸漸找回被強烈撞擊而支離破碎的能力感；而不敢悲傷而刻意壓抑悲傷的，需要在安全與信任關係中才能安心的表露悲傷。如果生活中遲遲沒有助力出現，讓兩方有機會完成悲傷，那麼便只好持續在僵局裡：不敢經驗悲傷的，繼續不敢碰觸；悲傷強烈的，則繼續惡化成困難複雜的悲傷。

那麼，如何讓兩方的人有機會經驗不同狀態的自己呢？我認為是理解與鬆動。

理解，是理解對方狀態與行為背後的意義。例如：因為關係的遠近不同，理解對方適應的時間有所不同；理解對方承受情緒的能力不同，表現出來的反應也不同；理解對方行為中的善意（例如：有人不願表達難過，是把注意力放在支撐家庭與照顧家人；有人一直表達悲傷痛苦，是在表達對親人的愛與不捨），而非只專注在惡意部分（例如：有人會認為親人不難過、不哭就是不孝，有人認為親人一直難過是懦弱的表現，這些都是惡意解釋的部分）。

至於鬆動，是鬆動自己嚴守的角色與既定觀念。像是認為自己一定不能表現出悲傷難過，或是自己一定要表現出非常的悲傷難過。這些嚴守的角色與既定觀念，往往來自於社會規範與社會期待，或是自己長久以來在家中的角色定位，像是：「我在家中是大姊，是唯一可照顧家庭的人，我『應該』承擔起家裡所有責任，照顧家人，我的悲傷是不能表現的。」這種給予自己強烈指導語言，杜絕自己真實需要的狀況，可能演變成持續增加的壓力，而別人也持續在無能或依賴狀態。

所以，適時的表露悲傷，讓悲傷無助的人有機會慢慢學習照顧別人或關注別人的需要，會讓兩方都有機會經驗到不同狀態的自己，也比較能「改變」僵局。

如果暫時無法改變自己的狀態去經驗不同的部分，「表達自己」也是在家庭中重要的學習與能力。無論是強烈悲傷者或杜絕悲傷者，若要讓對方理解自己為何如此呈現的目的或意義，很重要的部分在於：表達。例如，跟家人說：「我需要再多一點時間整理我的心情。」「我需要暫時喘一口氣，不要碰觸這些痛苦感受。」「我需要好好處理生活中的壓力，以致我無法好好的陪伴你。」「我需要一些獨處的時間，無法花太多心力關心到你，但這是暫時的。」……

於是，我可以
好好說再見

這些表達很重要，目的除了讓對方知道自己的狀態之外，亦是一種彈性協調的過程。若我們表達了自己的需求與狀態，對方亦有機會表達自己的需求與狀態。所以我們可以藉此詢問、關切彼此的狀態，並從中自我調整。

我們可以表達：我現在的情況是如此，你的呢？然後，回頭想想，若對方照顧與體諒到我的需要與狀態，我可以照顧與體諒對方的什麼需要與狀態。

家人其實便是在協調中相互照顧與相互幫補的。

若是角色與既定觀念站得太死，那麼家庭的互動其實就很難鬆動、很難改變。強者太強，弱者只好持續弱下去；照顧者太照顧，依賴者便持續依賴下去。問太多對方為什麼老是這樣那樣，意義其實不大，因為對方老是這樣那樣，往往也代表自己老是這樣那樣，因為互動是一種模式，模式一旦固定了，便很難改變。若是真的想改變模式，我們都知道改變別人是不容易的，那麼先從改變自己做起，情況便可能有所改變。

我在許多人分享的故事中體會到，家人在一起，最具傷害性的想法是：認為對方是惡意的。

曾經有一個母親跟我提到十年前丈夫過世後不久，正逢除夕夜，她悲傷難耐的在飯桌上對兒子說：「今年過年，你爸爸不在，這年夜飯怎麼吃得下？」兒子馬上怒氣沖天，丟下碗筷說：「為什麼要提到這件事？就不能好好吃頓年夜飯嗎？」隨即轉身離去，關上房門，留下驚嚇又難過的母親。

這母親後來再也不敢在兒子面前提到喪偶的悲傷難過，但十年來，心裡過不去的是：「兒子怎麼罵我？他完全不能明白我的傷痛。他不准我提我說，怎麼這麼快就想忘了他爸爸？」

當我瞭解她的情況後，回應她：「我想妳的兒子其實很難過，只是他不敢碰觸這難過，希望好像一切沒發生。因此當妳提起死去的丈夫時，兒子的情緒異常憤怒，並不是為了責備妳，而是由於他沒有準備好面對這失落的痛苦。」

這時，母親恍然大悟，才發現兒子其實是悲傷難受的。因為父親突然過世，他又這麼年輕，根本無法應付這一切的改變，以致連提、連談論的能力都沒有。這個母親告訴我，她終於可以釋懷了，也可以知道她的兒子不是故意怒斥她與亟欲遺忘他的父親。

有了理解，原本以為的惡意就可以釋懷。若是沒有理解，以為對方的想法是惡意的，就可能成為家庭分裂與家人關係遙遠的主因。許多的家庭，多因為認為對方是惡意的，不可理喻的，導致無法彌補的傷害，使得關係日趨惡化。

我想，在這個小故事中，不僅母親需要理解兒子還沒準備碰觸這傷痛，兒子亦需理解母親是這失落最直接的衝擊者，很難假裝一切沒發生。若雙方都能多一些對彼此所處情境與狀態的理解，或許內心就不需要長時間背負誤會與傷痛了。

於是，我可以
好好說再見

生命之塔崩毀了

「世界全然的改變了」、「生命再也不同於以往」，是驟然喪親者會有的真實體驗，其感受是十分個別與私密的，看世界的眼光是混亂與崩毀的，不知道究竟該再以什麼角度生活。因為是內在運作，所以常讓旁人感受不到他們的痛苦，而輕看他們的痛苦。

許多人都認為應該快快收拾好悲傷心情，快快走出喪親陰霾，快快繼續積極勇敢的走向前方，卻絲毫沒有覺察到喪親者的力不從心：他們還未準備好。

「都過了兩個月了，也該振作了吧！」「告別式都辦完了，也該恢復生活步調了吧！」「事情都過這麼久了，你幹麼還悶悶不樂？」

這些話充斥在我們社會、我們周遭。

這是外在世界與內在世界的衝突。外在世界拚命的告訴喪親者：快站起來、不要再停頓了、不要再把自己封鎖在悲傷裡了、不要再胡思亂想、一切都過去了。內在世界卻是：我該怎麼走下去？我還有什麼能力？我還有什麼本事？我連一個生命都留不住、保護不了，我還能做什麼……

內在的徬徨無助，內在的懷疑困惑，都沒有機會沉澱與整理，外在世界又拚命催促著腳步，快、快、快……就像是雙腳突然傷重或瘸了腿，步行已是困難，身旁的人卻自顧自的奔跑，並要你迎頭趕上，這當然辦不到；但願意給時間允許你適應、允許你練習的人卻不多，況且他們會一邊跑，一邊搖著頭說：「你這樣是不行的。」

你可能說不出來：瞧瞧我，少了一條腿；你也可能說不出口：我辦不到。你無法讓人明白的是，有太多太多事情改變了，有太多太多感受突然湧現，你再也無法漠視，假裝它們不在。

生活已不同以往了，過去熟悉的日子像斷了線的風箏一去不返。就算想緊抓不放，抓住的也僅剩下殘餘的線頭。

因著失去最重要的親人，你開始回頭看看，到底自己走過什麼樣的人生。是不是建立在錯誤的價值觀上？是不是花了所有心力與時間在錯誤的事物上？或是，過去以為重要的，如今是不是一樣經得起考驗。你的生命觀、價值觀因失落事件有了重大改變，過去的你面臨了崩解：你是誰？你要相信什麼？你要往哪裡去？你要停留在哪裡？你為何被遺留在世上？你活著，究竟為了什麼？

生命，像走在迷霧森林，沒有什麼是確定的。唯一確定的是，你還存在，並且正走在你的悲傷地圖中。

於是，我可以
好好說再見

【作業】

我的生命怎麼被改變了？

花些時間和自己的狀態相處，誠實靜心的接近自我；許多改變很難細說分明。藉著習作，看看生命什麼被剝奪了，什麼被改變了，而那不變的自己還具有什麼。

過去我是（例如：過去我是一位幸福的妻子與母親）

我是

我是

我是

現在我變成了（例如：現在我成了獨自扶養孩子的單親母親，與一位喪偶者）

我變成了

我變成了

我變成了

但是，我還是一位（例如：但是我還是一位愛著孩子的母親）

於是，我可以
好好說再見

我還是一位

我還是一位

我還是一位

接著，以五個向度來看自己的生活如何被改變了，這代表有一些考驗，需要你重新學習認識及學習面對。

與自己關係的改變有哪些 （對自己的觀感、身心的變化）	**家庭角色與各種關係的改變**
生活的技能與生活安排的改變	**與社會關係**（面對社會方式）**的改變**

與天地、信仰、靈性關係的改變

於是，我可以
好好說再見

承認改變已然發生。當喪慟事件發生時，我們的世界及生活也隨之改變了。而改變的層面就如經歷海嘯，一波一波襲來，從最大的破壞到最輕微的損失，從個人身分認同到與整個社會的互動方式，無能避免侵襲，因此我們需要從承認開始，才能看見及辨識出自己所經歷的壓力和所要面對的現實挑戰。

Section 4

珍愛無法忘懷的記憶

沐義說著他和妻子如何認識，妻子如何選擇他來託付終生，他們又如何白手起家。在無數次的難關中，他和妻子相互鼓勵、支持，咬著牙開創了他們的事業。沐義言說中盡是對妻子的感謝與不捨，還有滿滿的愛意。他帶著感傷卻又懷念的神情訴說和妻子最後一天的回憶：「我的妻子是因氣喘離世的，很突然的。前一天我還陪著她去買新鞋。她是個勤儉的人，一雙鞋總是穿了又穿，不捨得換。這一天，過完年不久，我支持她為自己買雙好鞋，並答應陪她一起選購。我和妻子逛了商店，如願的買了喜歡的鞋，原本妻

於是，我可以
好好說再見

子仍捨不得換上新鞋，但我告訴她不要再穿舊鞋了，我要妻子立刻穿上這雙好走的新鞋，並陪著妻子穿著新鞋，散步聊天走了一段路。這雙鞋成為她最後穿上的一雙鞋，那段路成為我們夫妻倆一起同行、一起相伴的最後一段路……我慶幸自己讓妻子如願的擁有一雙好鞋，也讓她有機會穿上，因為這樣，我對妻子沒有遺憾，只有我和她分離的不捨與思念。」

突然失去摯愛，沒有機會好好向親人告別的人，都會很難忘懷和這位親人的最後一面、最後的一段話、最後的相處。這段記憶成為和親人天人永隔前最鮮明的畫面，任誰也料想不到，怎麼活生生的一個人，前一刻仍在和我閒話家常，後一刻卻永遠不再醒來，甚至永遠讓我見不著、觸摸不到？

這劇烈的改變、徹底的剝離，讓驟然失去摯親的人更加深其愴烈悲傷。一個人變成不全的軀體、一個人變成一堆的骨灰、一個人變成不再有表情，也不再有溫度的遺體，還有無數個人攔在你和摯愛的親人之間，告訴你不要靠近他、接觸他，這樣他才會走得安心、走得沒有掛慮。

敘述你和死去摯親之間的種種回憶，過去和摯親在一起的故事，是自我心理支持與心理照顧的一個重要歷程。

故事裡，愛在那裡

你所敘述的故事，都在你心中具有重要意義。故事中描述的是你曾如何的和這位親人相處：你們如何的相互瞭解，知道彼此的習性與喜惡；在生活中，你們是如何用眼神、話語、動作來傳達情感而形成默契。

每一個悲傷故事的背後，都充滿著愛的情意、充滿著期待與渴望的親密關係，也有相互交錯、相互影響的兩個生命相遇故事。

雖然每個故事各有不同，但在每個失落故事裡，都有令人感動的真心，還有許多有形或無形的愛。正因和摯親相處的記憶在最後一面、最後一段談話、最後一夜後驟然而止，所以回首記憶是重要的歷程，不只是為了溫故，也是為了好好告別。

因為這段深刻的記憶之後，緊接的是截然不同的情節，是生命再也無法重逢相聚的事實。這兩種難以連結的記憶，必須靠著敘述來貫穿，也必須靠著敘述，將零散的記憶縫補起來，成為對我們有意義的生命歷程，使我們的記憶不再空白與空洞，有如震碎般的難以整合。

若記憶難以復回，我們對摯愛的存在，也將失去思念能力，甚至懷疑過去他是否真的存在於我的生命中，因而感到虛幻。

讓逝去的摯親在心裡、在記憶裡有個適切的位置，隨時可以思念、隨時可以回憶，我們就不會害怕一旦告別，摯親和我們相處、相伴的記憶終將煙消雲散，再也捉摸不到。

也許你曾有「那些共同的記憶該怎麼全部遺忘呢？」、「為何我無法像失憶般就忘了這一切呢？」的念頭。許多喪親者都曾向我表達記憶纏繞腦海的痛苦，有人將死去親人的所有遺物丟掉，並且搬家，要自己換一個新環境，要自己假裝這一切都沒發生；有些人則是完全不允許自己更動家中所有擺設，死去親人的衣物不能丟棄、房間不能整理，好像親人仍在世一般。

悲傷不需以對錯、好壞評價

我常常遇到這些喪親者周圍的親友問我：「這樣正常嗎？對嗎？好嗎？」

我認為，不需再以社會主流聲音的「正常、正確」標準套在自己身上，評價自己。二分法的邏輯判斷，並不能帶給我們治癒，反而帶來恐懼。對生命遭逢猛烈撞擊的人來說，生活、人生都像被命運扭曲了，所遭逢的一切也不再是常態生活的狀態，被拋出「日常軌道」外，又怎能再以常態生活的眼光與評價和要求呢？

無論怎麼做，我相信都有理由與意義。把家中所有關於死去親人的遺物丟棄，或保持原封不動，都可能來自於內心不想承認這段關係就此失去，或不想再經驗失去的痛苦，也可能都是他們心中認為最能維繫生存意念，勇敢活下去的做法。

有些人需要暫時封閉所有的記憶，來克服自己面臨的巨大悲痛與生存威脅；有些人則必須不斷的憶起、再憶起，不斷的以為親人還在身邊來度過生命的艱難時期。這些都是人為了因應強大威脅與壓力所產生的防衛機制。

這防衛機制能撐一時，卻非永久，因此必定會有一個時候，當防衛機制不管用時，那否認與不想面對、承認的分離痛苦便會真實顯現。因此，不需要心急，我一直深信生命會出現一個適當的時機，來幫助人們拿出力量與能力，面對自己一直未完成的事物，包括處理悲傷、完成自我療癒。

生命自有處理傷痛的時刻

我記得，我在失去父親後，即使眼睜睜的看著他的遺體被推進焚化爐火化成一堆骨灰，但內心卻覺得不真實，像作夢般。要如何相信自己所愛的父親，從小擁抱我、愛我的父親，竟然不再有形體，化成了一堆灰燼？

這種不真實的感覺裡，我還覺得是老天開了個大玩笑，這肯定是一場騙局。為了維持

於是，我可以
好好說再見

自己認為「這不是真的」的念頭，我將父親唯一寄給我的一封信撕毀，然後告訴自己：「你沒死，你只是像過去一樣，不知到哪討生活了。」

這樣堅定、不容推翻的信念，讓我在十九歲時寫著關於父親的文章裡，仍是：「我不知你去哪裡了？但我想，有一天你又會抱著屏東的大西瓜在姑姑家的巷口等我，告訴我今年的西瓜特別甜。」

如今寫著當初的心情還是心酸，依舊感到悲傷，也看見當時，雖然已喪父五年，我已經十九歲了，心裡依舊不願意好好的告別父親，不願意回想父親死時的一切遭遇，那對我太沉重，我根本沒有力量承受。

真正開始承受、開始面對與處理是喪父十二年之後，不知學習了多少知識與智慧來認識自己、瞭解自己，我才隱約感覺到自己有一點點力量，可以重新再看一次早年失去父親的悲痛。

令我訝異的是，那些我原本以為空白，沒有什麼可去言說的經驗，卻在一次次的敘說裡發現——我和父親情感連結的記憶並非原來認為的單薄。那些我原本「封箱」的記憶，慢慢的被我打開，我才驚覺原來自己的生命是如此豐厚，而父親留給我的愛，是那麼足夠，足以支撐我往後的人生。

悲傷不代表失敗

如今我可以自在的敘說父親，也可以在想要思念他時，無懼的好好思念，但我仍無法揚聲高喊：「我走過了悲傷、勝過了悲傷。」我相信，對喪親者來說，失去一位摯親是恆久的悲傷，是永難消除的印記。然而，悲傷不是代表人生失敗或是不夠堅強，而是紀念一份恆久的愛是存在過的。當只要憶起那個重要的人，悲傷就在那一刻湧出，沒有停歇，還是如此深刻。但是你會漸漸體會到，雖然悲傷還是再現，卻是不帶傷害自己、貶抑自己的情緒與念頭，而是單純的沐浴在充滿想念的記憶中，感受愛的溫暖在內心散開，再度讓你柔軟地擁抱自己的脆弱，並同時感受到自己的柔韌存在。

這時候，你會深深的體會到「療癒」的意義和感受。

從不敢回憶走到擁抱記憶的過程，對我來說，是很辛苦的；時間雖長，卻是我認為不可避免的過程，我的直覺讓我選擇了一個自己可以面對的時刻。如果說這段過程，誰從來沒有苛責過我，沒有說過風涼話，沒有急著要我如何，我想那一定是「時間」。

但時間所提供的，並不是無緣無故的就讓悲傷得到了療癒，而是時間讓我有充裕的機會，探索適合自己的步調與方式，來處理失落與悲傷，不是照著別人的步調，照著別人應該的方式與態度來面對。時間，也能讓你走過更多生命歷練，用更成熟和穩健的人格和心智來理解生命的生離死別。

於是，我可以好好說再見

在悲傷療癒的路上，我們需要高度的尊重自己，高度看重我們與所愛的人之間的情感與曾有過的共同相處記憶。在悲傷的路途中，我們願意陪伴自己，願意傾聽內心的聲音，願意為自己保留一只記憶的寶盒，珍藏著重要的記憶——曾深深感受到的愛與支持，陪伴與呵護。

在這漫長而反覆的體會中，有一刻你會真實的領悟到——療癒是，雖然心痛的感覺仍在，但已經可以承受那心痛的重量。

【作業】

聽歌，讓歌為自己表達心情

聽歌，是最能和情感溝通的管道。歌曲與歌詞的意境足以構成美好氛圍，以回想過往，或是代為表達出深沉的情感。這裡分享兩首歌，一首中文，一首英文，都是失去摯愛後的深刻心情。

第一首歌所描述的心情寫照和失去摯親的經歷十分貼近，每當我以這首歌和喪親者分享時，皆引發他們強烈的悲傷，也映照了他們內在的複雜感受。這是慎芝女士在歷經痛失愛子與驟然喪夫後寫下的詞，詞裡有無盡的感慨和難捨的心情。詞最後寫著：「紅燈將滅酒也醒，此刻該向他告別，曲終人散最後一瞥，唔……最後一夜。」短短的一段話，道盡了人生的悲歡離合、生離死別，也因為這段詞，讓喪親者有了勇氣準備告別，因為曲終人散的事實已從不願承認、不敢面對的潛意識裡浮現，讓人深刻體驗到分離的真實悲痛，也喚起了最後一夜的所有珍貴記憶。

於是，我可以
好好說再見

最後一夜　演唱：蔡琴　作詞：慎芝

踩不完惱人舞步　喝不盡醉人醇酒
良夜有誰為我留　耳邊語輕柔
走不完紅男綠女　看不盡人海沉浮
往事有誰為我數　空對華燈愁
我也曾陶醉　在兩情相悅　像飛舞中的彩蝶
我也曾心碎於黯然離別　哭倒在露濕台階
紅燈將滅酒也醒　此刻該向他告別
曲終人散回頭一瞥
唔……最後一夜
我也曾陶醉　在兩情相悅　像飛舞中的彩蝶
我也曾心碎於黯然離別　哭倒在露濕台階
紅燈將滅酒也醒　此刻該向他告別
曲終人散回頭一瞥
唔……最後一夜

另一首英文老歌〈The End of the World〉，更把感覺天地都隨之毀滅的失親之痛，描寫得十分深刻。〈The end of the world〉是一九六三年相當受歡迎的一首歌，是鄉村女歌手Skeeter Davis的著名作品。從內容看來，似是一首失戀的情歌，但作曲者乃是因為父親逝世，覺得猶如世界末日一般而寫出這首歌。

The end of the world　Skeeter Davis

Why does the sun go on shining?
Why does the sea rush to shore?
Don't they know it's the end of the world?
'Cause you don't love me anymore

Why do the birds go on singing?
Why do the stars glow above?
Don't they know it's the end of the world?
It ended when I lost your love

於是，我可以
好好說再見

I wake up in the morning
And I wonder why everything's the same as it was
I can't understand, no I can't understand
How life goes on the way it does

Why does my heart go on beating?
Why do these eyes of mine cry?
Don't they know it's the end of the world?
It ended when you said goodbye

中文的意思是：「太陽為何仍在照耀，海浪為何拍打岩岸，難道它們不知道這是世界末日了嗎？因為你不再愛我了。鳥兒為何仍在歌唱？星星為何在天上閃耀？難道它們不知道這是世界末日了嗎？當我失去了你的愛。當我在早晨醒來，納悶著為何一切如常，我無法瞭解，真的無法瞭解，生命怎會像往常一樣運行？為何我的心仍在跳動？我的雙眼為何在流淚？難道它們不知道這是世界末日嗎？當你說再見的時候。」

歌詞所說的意境正是喪親者會浮現的感受，特別是驟然失親者。摯愛消失了，但太陽依舊升起，星星依舊閃耀，小鳥依舊飛翔鳴唱，地球上的所有一切依然在運轉，但為何獨獨自己生活的世界毀滅了？昨日之前的記憶是這麼熟悉，但為何所愛的人已不在身邊了，並且再也見不到，再也感受不到他的愛與溫度？

或許，你可以為你自己和失去的親人選一首代表歌曲，描寫著屬於你們的故事，有你的心情，有他曾留在你生命中的力量與愛。但願這首歌曲，能夠代表你們這一段深刻的關係和別具意義的情感。

Section 5

哀悼與紀念那無法再擁有的

媛麗小心的擦著錶，然後將它戴在手腕上。這錶和媛麗秀氣的手一點都不協調。任誰都可以看出這是一支男性的錶。媛麗每天都要戴上這支錶，這是丈夫每天都會戴在手上的錶，這支錶伴著丈夫早出晚歸的工作著。她甚至可以想起丈夫總是看著錶說：「要快點才行，快來不及了。」

丈夫拚命的工作，讓他絲毫沒有察覺自己的身體負荷不了，直到因為老是胃痛，到醫院一檢查才知道已是肝癌末期。一切變化得太快，丈夫住院之後，整個人像消了氣般，再也無法恢復精神與體力。不過兩個月的時間，丈夫倒下不起，留下她獨自一人生活著。

有人為她慶幸：還好沒有孩子，不然日子可苦了。但媛麗笑不出來，她不知道獨留自己一人在世能做什麼。他們夫妻倆因為無法生育，早早就規劃將來要如何一起養老，一起過著退休生活。因為丈夫的疼愛與不忍心，媛麗沒有像許多女性為了生孩子吃了許多苦頭，反而可以規劃自己喜歡過的生活。但丈夫怎麼突然就離開了她，她還來不及告訴丈夫「不要離開我」，還來不及說「我不想失去你」，丈夫便已丟下了她。

媛麗根本沒有勇氣告訴自己，她已是一位喪偶的女人，她也不敢承認，從某天開始，丈夫再也不會出現，再也不會關心她：「今天，妳過得好不好啊？」

她只能戴著這支錶，假裝丈夫在她身旁，陪著她、保護著她，和她一起面對所有的困難。她知道自己是自欺欺人，但她真的還沒有勇氣接受丈夫已不在。

她對著手錶說話，看著手錶、摸著手錶，感受丈夫有力的手握著她，這是別人不會懂得的感受，只有她，能深深的感受到。

在悲傷歷程中，最令人陷落的，是那些盤旋在腦海中的深刻記憶，只有自己一個人記得，忘也不是，記也不是，在忘與記之間，不斷擺盪。怕忘了，親人的生命就煙消雲散了，什麼也沒留下；怕記了，要獨自感受深刻的悲傷，遲遲無法迎向下一段生命的開展。

於是，我可以

好好說再見

無法找到可以安心的選擇，怎麼做似乎都不對勁，於是白天時，抑制自己回想起任何記憶，卻在夜半獨自一人時，無法克制的想起種種。

不要想、不要提，是「隔離」感覺的好方法，卻不是「處理」悲傷的好方法。悲傷最需要的過程是——完成哀悼與懷念，也就是充分的回顧和這個人曾經相處、相伴的所有記憶。

充分回顧，是一段很長的過程。至親摯愛伴了你多少歲月，或許你就需要等量，甚至雙倍、三倍的日子，來回顧你們曾經共有過的記憶。那些點點滴滴的細節、點點滴滴的感受，只有你一個人懂、一個人能體會。

你的回想不是沒有意義的，你的回想是要找出——這個親人究竟在你生命中留下什麼，在你心中的哪個位置，你們曾如何共織了生命故事，過去付出給彼此的是什麼？還有，你們之間有什麼重要記憶？

如果你願意回想，必然會在回想的過程中，同時感受到「無法再擁有」的痛苦。這或許就是許多人拒絕回想的原因之一，因為害怕經歷「無法再擁有」的痛苦與心碎，於是也一併拒絕回憶起那些有關兩人的重要記憶。

哀悼無法再擁有的痛楚

在失落事件裡，正因為這些「無法再擁有」，而讓人感到分外悲傷。如果拒絕感受「無法再擁有」的痛苦，也等同於拒絕接觸自己的悲傷。

曾經擁有，如今失去；曾經被填滿的，如今可能經歷到強烈虛空。這種從有到無的歷程，需要的正是「哀悼」，以哀悼來適應這一切的改變與落空。

「哀悼」是走過悲傷的重要歷程；有人以不斷的往返墓地訴說悲傷心情來完成哀悼，有人以親手為親人打理後事來完成哀悼，有人以不斷翻閱照片來完成哀悼，有人以寫下與親人有關的故事來完成哀悼。哀悼的方式與歷程雖不同，但都是為了充分表達對失去之人的不捨與懷念。

在多數的情況中，人只需依照自己的意願，進行屬於個人的哀悼歷程，但有些情況，社會的態度卻介入了個人的哀悼歷程，剝奪了個人可以哀悼與可以悲傷的權利。

外國學者朵卡（K. J. Doka）提出「**社會剝奪悲傷的權利**」將使人的悲傷惡化。很多人的悲傷幽幽沉沉的一個因素正是如此；旁人、社會的不允許與不理解，甚至是批評與勸誡，都讓悲傷沒有獲得足夠的空間、合理的時間來處理與面對。我曾遇見一個女孩失去男友不過一年，旁邊的人就急著要她拋開過去，趕緊投入另一段感情，並且指責她不夠堅強、不勇敢，才會這麼難過。她泣不成聲的在我面前哭訴著：「他們為什麼沒有看見我在失去重要的人之後多麼努力才能活下來？他們為什麼沒有看見我的辛苦？我真的這麼不好與不對嗎？」

這就是一種因沒有合法關係（例如：男女朋友、同居伴侶、同志愛侶、第三者家庭、流產的未出世孩子），而被剝奪悲傷權利的實際例子。而那些孩子過早死亡，甚至不幸流產的婦女，在社會中，更失去了悲傷的權利，社會以各種說法來試圖讓失去嬰孩的父母相信，「失去孩子不算什麼，反正再懷孕就有了」。

一些還未見到孩子出世就失去孩子的女性，她們體會到：社會不容許她們經驗自己的悲傷，那些痛苦的情緒感受往往被視為是沒必要的，更遑論是否可以找到支持她們的情感、傾聽她們心聲的親友。因此，來到我面前的她們，忍受不住的哭泣，在哭泣中，我看見她們多努力抑制，以致那種動彈不得的悲傷令她們十分痛苦。

被剝奪悲傷權利的不只是沒有合法關係的喪親者，還有那些不被社會允許的死亡方式（自殺、愛滋病、墮胎等），和不被允許悲傷的族群（男性、小孩、老人、專業人員、宗教人士等），都使人無法順利承認悲傷、表達悲傷、疏通悲傷。

以自殺來說，社會對於自殺者的遺族往往抱著歧視的眼光，並且覺得發生這種事是不名譽的，代表這家庭出現問題才會有人自殺。因此，自殺者的遺族只能保持沉默，讓自殺事件成為家庭說不出口的祕密，成為一種共謀的沉默。而對於選擇自殺的親友滿腹諸多的疑惑、懊悔、痛苦與遺憾感受，都只能默默承受，深怕當說出自己的悲傷時，旁人不僅無法理解，甚至會說：「不要說、不要提，提這種事很沉重，別再提了。」那些沉重，只好深深的鎖在心頭上，不能說，不能表達，也不被允許可以哀悼。

容許人可以悲傷

我們社會的主流聲音常會塑造出一些刻板的形象：如果你是專業人員，你「應該」很能處理問題，「應該」不會悲傷到要人協助；如果你是男人，你「應該」不能哭，不能看起來很沒用；如果你是小孩，你「應該」不要知道太多，「應該」要乖要聽話，不要惹麻煩；如果你是老人，你人生經歷過這麼多，你「應該」看開點，「應該」不要讓自己一直活在悲傷中，「應該」不要想太多，好好的過日子。

這些「應該」，讓一些人的悲傷被忽略，也讓一些人的悲傷被視為「不應該」。以致悲傷只能隱忍，或是埋著頭，硬撐著要自己獨力承受。

無法順利表達的悲傷，有很大的可能會演化成**複雜困難的悲傷型態**。這複雜且困難的悲傷不只含有原本死亡事件帶來的傷害與毀壞，還包括後續在死亡處理過程中所遭受的社會眼光、評論、輕視或忽略。對悲傷權利被剝奪的人而言，受苦、受傷成了無法停歇的經驗。

任何人都有悲傷的權利，無論他所失去的人是否具有合法的親屬關係，或是經歷什麼形式的死亡，又或者是什麼樣的角色、身分，當他經驗到因失落而引發的悲傷時，他便具有權利表達、抒發與充分哀悼悲傷，因為他有權利，成為真實的自己，表達真實的自我。

當然，要使社會改變成我們期待的樣子，比如能允許人悲傷，能給予人悲傷的尊重與權利，是非常難以實現的社會理想，但也不要因此就依隨社會的態度，剝奪掉自己悲傷的權利，將自己的悲傷視為不該存在的部分，忽略了自己有表達悲傷與體會悲傷的需要。

悲傷，無法切割

曾有些喪親者來尋求我的協助，是期待我切割掉他的悲傷，或是要我幫助他不要痛苦。我總會回答，這很難，事實上，我辦不到。因為悲傷要的不是切割或移除，而是哀悼與調適、消化。若為了想避免經驗悲傷的痛苦，而將生命裡重要的人遺忘，將悲傷壓抑在內心深處而不感受，那麼人會活得死氣沉沉，沉重且空洞，猶如行屍走肉，生命的存在也會變得毫無意義。

痛苦，在生命旅程上，並非全然是無意義的，就如同摯親即使不存在於我們生命中，也不表示意義就消失了。當我們能闡述經驗之於自己的感受和體會時，發生在生命中的遭逢，必有其獨特的意義。

如果想要結束痛苦，唯一的方法就是經歷痛苦。將痛苦歷程走過，將痛苦歷程走完，直到痛苦完全的被看見、被感受、被面對與被接受，直到痛苦不再被抗拒、被否認與被拒絕。

當人不再覺得痛苦是威脅，或是不堪與羞恥時，痛苦，就不再會讓你受苦了。當你能真正接受了痛苦的自己，真正的不再抗拒，而讓自己確實走在其中，你才可以充分的思念、充分的哀悼，也能充分的走在生命所安排的步調上，緩慢的體會人生，也充分紀念那些曾經擁有的、曾經相遇的。

【作業】

完成那些對你個人而言有意義的哀悼過程

你想如何表達你的悼念？你可以做些什麼，以完成屬於你的哀悼過程？

□完成一本紀錄著你和摯親相處歷程的相本或影片，以相片敘說你們的故事。
□為親人種一棵植物，以照顧植物的生長，來紀念你們之間的愛與懷念。
□每日有一段時間，以祈禱或默想保持與摯親說話，表達真實的心情感受。
□寫下一篇或數篇和摯親、摯愛之間的故事，紀念你們曾有過的情感經驗。
□完成和摯親、摯愛之間做過的約定，以此紀念摯親、摯愛。
□帶著親人的其中一項遺物，好好的哀悼與懷念過去摯親陪在你身邊的日子。
□找一位也認識摯親的人，和他一同回憶與敘說關於摯親的記憶。
□其他：

當你選擇了一、兩項，甚至更多的哀悼途徑後，去經驗、去體會、去完成，帶著你的悲傷與你的思念，好好的為自己的失落哀悼，你願意允許自己這樣做，因為這個過程，有屬於你的獨特意義。你可以接受用自己的方式哀悼，完成你所需要的歷程，完成你的哀悼。

Section 6

好好說再見

玉鈴在國外求學時，父親被診斷出罹患末期肝癌，但為了不影響玉鈴的學業，父親要全家人不准告訴玉鈴，因為父親擔心玉鈴若知道了將不顧一切的回國，耽誤了正在進行的課業。

玉鈴的父親相信自己還有治療的可能，並且也認為等到兩個月後，玉鈴放假回國，全家就能團聚了。

但是，父親的病情急轉直下，雖然做了治療，但反應都不好，人突然變得好虛弱，不到一個月的時間，父親就在家人充滿無奈與震驚的情緒中離開人世。也在這個時候，玉鈴才接到母親痛哭失聲的電話：「妳爸爸已經不在了……」

玉鈴根本不知道發生了什麼事，也不明白怎麼會在最後一刻才被告知，更不能接受自己竟然沒有在父親最痛苦與最脆弱時陪在他身邊。

從上了飛機開始，玉鈴的感受複雜：她想像不了父親不在了會是什麼樣的感覺，也疑惑若父親不在了，他會去哪裡。同時，玉鈴也有好深的愧疚感，在家中這麼困難的時刻，她什麼也幫不了，什麼也沒承擔。她甚至想著：還來不及讓父親看見自己學有所成，還來不及讓父親以她這個女兒為榮，還來不及讓父親過著安穩快樂的生活。一直以來，都是父親支撐著整個家庭，是父親努力做水電工，挨家挨戶，不管風吹雨淋的奔波承包工作，才讓家裡的孩子可以朝自己的理想前進，做自己有興趣的事。可是，父親怎麼可以說走就走，不等她回到他身邊？

玉鈴不想接受父親已離去的事實，即使後來玉鈴參與火化儀式，但她說什麼也不能接受，一直以來照顧家庭、愛著孩子的父親怎麼會火化成一堆骨灰？她告訴自己，就當父親只是出遠門去了，暫時不在家，她相信沒有什麼會被改變，一切都沒有改變……

我在無數個驚駭、悲傷的故事裡體會到，要對驟然消逝的摯親「說再見」其實是很需要勇氣，也需要心理準備的過程；平心靜氣、懷抱祝福、充滿愛意的道聲再見，必須是沒有傷害性的情緒（諸如：遺憾、自責、愧疚、怨恨、懊惱、憤怒），並且願意接受分離的事實，承認一切都已改變，願意讓自己承受這樣的改變所帶來的衝擊與痛苦。

若失去了這些條件，「說再見」將成為無法完成的缺憾。兩人的關係被迫停在某一刻，無法前進，也無法後退；像是還在進行，卻又似已經結束。你們不再有新的生命交集，不再有新的故事。

一個好的道別，常需要沉澱與醞釀，有時還需要營造一些溫暖的氣氛與好的感覺，才能成為完整的道別。

摯親若是驟然死亡，實在沒有任何好的條件讓人能夠順利道別。不僅負面能量壓得人喘不過氣，具有傷害性的情緒更是排山倒海而來；而分離的發生又非出於自願，完全是被迫，許多狀況下，甚至無法得知究竟讓生活風雲變色的罪魁禍首是誰，於是道別的意願更是降低，無論理智、情感都難以接受生活居然遭遇不測，從此改變。

說再見的困難

不說再見，是有好處的。不說再見就能編織各種理由來說服自己生活並未改變、親人只是暫時離開，如此可以勉強的繼續以過去的習慣、型態過生活，不用改變就不會為人帶來威脅，也不會帶來無力與挫折。

只要有改變、需要改變，人就得經驗重新學習、調整、認識許多過去不會或不知道的事。當一切充滿不確定，人必然會經驗到自己某部分的確是不懂、不知道的，甚至還得面對自己有某部分是無能為力、能力不足的，這種種困境與挑戰必然會衍生出挫折與無力的感覺。

這是生命極具壓力和威脅感的時期。

死亡所帶來的挫折與無力的感覺正是這樣來的。我們會發現，原來就算我有許多的知識、專業身分、資源、財力、計畫，也無法抵擋死亡的侵害，無法阻止死亡帶走親人的生命或自己的生命。在死亡面前，我們一點力也使不出來，想做點什麼，卻又做不出來，同時還會發現，我們對生命根本一無所知，過去所建立的信心與掌控力一點也用不上。我們不明白人為何這麼渺小、脆弱與虛無。

這就是「說再見」的困難；不願也不想經驗到自我的無能為力，一點力也使不上的感覺，那樣的自己太無能、無助與脆弱，太多不堪。何況，無能與無助是相當危險的情緒動能，能夠擊垮一個人堅毅的生存意志與活下去的力量。

但是，不說再見是不是就能因此順利、像不曾經歷改變般的照常活下去呢？

答案往往也是否定的。驟然失去親屬的人，即使因為難以面對分離與驟變而不願說再見，但真實的生活環境卻無法成功的掩飾事實的發生；不再有人開車接送、不再有人煮一頓熱騰騰的晚餐、不再有人在夜半等你回家、不再有人和你相擁入睡、不再有人知道你的習慣與喜好、不再有人和你鬥嘴……一切都將告訴你：「這個人消失了。」「他真的再也不會在身邊了。」

於是，虛構與現實的衝突無時無刻存在。這是最大的痛苦——希望人生不要驟變，卻又不得不重複體驗生命已被無情猛然的改變。好似自己是被丟棄的孤兒，被任意的傷害、任意的捉弄，沒有人可以依靠，也沒有人能給予安全的保護。

好好道別是疏通悲傷的重要過程

許多驟然失去摯親的人，對我提出他們的疑問：為何他們沒有辦法杜絕悲傷與憤怒的侵襲？為何他們不斷反覆困在悲傷裡？他們懷疑悲傷似乎將會永無止境的糾纏他們，他們甚至認為自己不夠堅強、不夠勇敢、不夠好，才會讓悲傷得逞，使他們徹底經驗到脆弱與無力。

然而，事實並非如此。並非一個人不堅強、不勇敢、不夠好，才會被悲傷占據。事實是，一旦你失去親人，悲傷就會在往後的人生如浪潮一樣的不規律湧來，又消退，再湧來，又消退，沒有靜止的那一天，除非生命不在。我們必須學習與悲傷的浪潮保持一個安全的距離，以免被席捲而走，同時又能允許它的存在，因為它既真實又合情合理，是來自生命真實的經歷與曾有的記憶。

雖然悲傷是合情合理，但要與它培養一種信任關係與默契，能與它共存，絕對是需要長期學習的課題。我們必須認識悲傷，知道如何對待悲傷、面對悲傷，到某一個時刻，甚至能欣賞悲傷，欣賞這人生的特別景致。

要能這樣無畏無懼悲傷，在悲傷會恆久存在的生命裡再次找到適切步調與姿態，並願意相信自己生命在經歷過撞擊與破壞後還能實現某些意義，就必須完成最困難與最害怕的事——與摯親好好說再見。學習如何完成道別的這段過程，絕對有許多的挑戰，以及難以跨越的限制，也有許多的懷疑、孤單、害怕會產生。路況並不好走，卻是走向療癒必經的中途站。

好好道別，好好向摯親說再見是一份承諾，也是一份祝福，同時是真實悲傷的表現。

道別，往往帶來不捨，但我們之所以願意道別，是因為我們內心知道無法留下對方，即使再有千萬個不願意，也無法緊抓著對方不放。因為對方有他的旅程、有他的方向、有他的目的地；我們會道別，因為我們在此時此刻確知，分離時刻已然到來，從下一刻開始，彼此都將面對新的旅途，無法再相互陪同而行。在珍重再見聲中，我們除了祝福

於是，我可以
好好說再見

對方一路好走，也承諾好好照顧自己，幫助自己面對未知的未來。

不能否認，也不能避免的，道別的過程，是包含難忍的悲傷與心碎的痛苦。但也因為經歷過這樣的痛楚與心酸，道別才得以完成，而不是只能空白與麻木以對。

然而，好好道聲再見並非是準備從此將記憶塵封，宣告著此人從此和你無關，好好道聲再見反而是為了確認兩人的關係雖遭遇了別離，仍是段重要的關係，並且以不同以往的形式，繼續的存有。

【作業】

給遠去的摯親，寫封說再見的信

寫一封信給摯親摯愛，這封信是為了好好的將心裡的話，完整表達給摯親知道。在失去他之後，有許多部分都改變了，你承受了很多困難與悲辛的日子，這些真實的感受，需要你充分的表達，也值得你表達。當你真心表達時，你會感受到自己對摯親的愛，也會感受到即使有所痛楚，內心卻多了一些力量。當你願意時，就開始動筆，並且找一位願意陪伴你完成這封重要信件的人陪在你身旁。

親愛的

自從你離去之後，我的生活變得

我感覺到心中的悲傷，因為

於是，我可以
好好說再見

這段日子我常想你，想起過去你在時，我可以

而如今，失去了你，我獨自面對了

我多麼希望你不會離開我，能再與我

但我知道你必須離去，離開我的生活。我好想告訴你：

也想告訴你，我心中的抱歉：

還有我的感謝：

與我的祝福：

我知道我還有未完的人生旅程，我相信你也會祝福我

雖然不捨，但我現在要向你說再見，

在往後的日子，我會繼續思念你，但同時照顧我自己，

於是，我可以
好好說再見

最後，我想告訴你：

愛你、想你的

年　月　日

給自己一點時間完成屬於自己的告別。你可以寫完信帶到墓園，說給逝者聽，再燒掉信，象徵已好好的對逝者告別。

你也可以請一個信任親近的人陪同，聆聽你把這一封信所要說的話講出來，完成你的告別。從寫下來，再到說出來的過程，可能會經驗到痛徹心扉、撕心裂肺的哀痛與悲傷，但相信自己的內心能有承接悲傷的力量，那是來自於愛。雖然逝者離去，但經驗過的愛，已成為內心的力量，化為祝福，支撐著自己的生命繼續走向完成。

Section 7

覺察自我如何調適失落

陳蘭的兒子在上學的途中，因為一場嚴重的交通意外而當場死亡，雙十年華的生命就此結束。陳蘭的丈夫早幾年前因肝癌的緣故已過世，獨力撫養、照顧兒女的陳蘭，怎麼也想不到，死神再度奪去她兒子的生命。

她跪倒在殯儀館內的地上痛哭失聲，不斷搥打著地板，哭喊著：「不要這樣對我，不要再奪走我的親人，我不能沒有他……」

但無論她如何哭喊，兒子始終沒有回應，也不再醒過來。

於是，我可以
好好說再見

依靠朋友與善心人士的幫忙，陳蘭勉強忍痛辦完了兒子的喪事。看著兒子的老師和同學們出現，陳蘭淚流不止，不明白何以自己的兒子不能平安的長大。

隨著各項儀式的結束，周圍的親友也慢慢回到他們的生活軌道。女兒因為大一住校，只有假日時返家，陳蘭開始長時間面對自己獨自一人。

陳蘭一個人在家時總要打開電視，然後目不轉睛的盯著電視，即便累了想睡覺，也是倒臥在沙發上，不願意回臥室。白天陳蘭做的是售貨工作，但大部分時候，陳蘭都感受到自己無精打采，對於銷售業績不再如以往熱衷；有時還得出庭面對官司訴訟程序，因為撞倒兒子的小轎車車主一口咬定是兒子違規，超速騎在快車道上，說什麼也不認為自己有所過失。

有人勸她不要再打官司了，這樣勞心傷財，最後可能一場空；也有人勸她不要放棄打官司，這樣才可以安慰兒子在天之靈。對別人而言只是說說就好，但對陳蘭而言，不論哪一種都是心靈折磨。

偶爾，她會突然感受到自己對這世界的憤怒，覺得這世界殘忍可怕極了；偶爾，她會覺得好哀傷，覺得失去丈夫與兒子的她，從此要孤獨過完人生；偶爾，她會很恐慌的打電話給女兒，害怕女兒會不會有所閃失，又突然的消失，甚至會很生氣的對女兒說：「妳不會打電話回來報平安嗎？家裡對妳來說這麼不重要嗎？」使得女兒更不知要如何與她互動。

陳蘭不願意向外人提及自己的感受，她不喜歡那些同情的眼光，也不希望有人談到她身上所發生的事，只有當姊姊打電話問候她時，她會說出自己心情的難受之處，但大部分都是對自己坎坷命運的怨嘆，甚至有時會埋怨從小到大也是姊姊比較受到父母長輩喜愛，自己似乎是天生來受苦的。

幫助自己走過悲傷的過程中，探索與洞察自己正以何種方式在因應悲傷是一項重要的「**覺察功課**」。

承受重大悲傷，會使人如要滅頂般的無力與無助，只能任憑悲傷的浪潮席捲。被悲傷擊垮並不是一件好受的事，因此大部分的人都會有所因應，所因應的模式是我們從很小開始經驗到的失落所帶來的影響與學習。

你還記得生命中第一次感受到失落是什麼時候嗎？是因什麼樣的事件嗎？還記得那時的感受、想法與接續的反應嗎？

也許那樣的失落不是親人死亡過世，而是自己被遺棄的感覺，或是被忽略或被傷害的早年記憶。

於是，我可以
好好說再見

早期失落經驗所形成的自我防衛

大部分的人，從三、四歲開始便能記得一些分離經驗。也許是第一天被送去托兒所的時候，或是父母忙於工作而被送去祖父母家接受照顧，又或者因為弟弟妹妹的出生，開始被要求學會長大，不能再依賴父母的照顧與呵護。在早年的台灣，更有許多女性，因為原生家庭無力養育，被迫在嬰幼兒時便成為別人家的童養媳或過繼給親戚當養女。過去重男輕女的家庭觀念，也形成許多女性從小面對自己生命伊始，便體會到一種不被期待、不被疼愛、不被重視的失落。

為了讓自己可以活下去，我們會忽略去關注從小到大的失落經驗，如何在我們心中駐留，如何成為我們對自身生命的觀感與評價。

我們的小腦袋瓜來不及將這些經驗思考與整理清楚之前，便已經產生了非常自然、極具生物本能的自動化反應，因而讓生命無法學習當失落發生時會是什麼情況，以及當失落發生時該怎麼因應。

如果哭有用，可以避免失落的發生，或許我們會哭、大叫：「不要！不要！」若哭喊沒用，反而引來許多的責備或取笑，那我們會告訴自己：「不要哭、哭沒用。」或是，乾脆挪去自己的感受，告訴自己：「有這些感受是多餘的，只是讓自己受苦，不要有感受是最好的。」

早年的失落經驗，可能帶給我們憤怒的不平感受，也可能經驗到無助、無能為力的恐懼感，或是一種感受到周圍同情眼光，不喜歡卻只能默默接受的委屈感受。

無論是情緒感受、想法念頭，或是行為反應，都有屬於那段失落經驗所帶給你的影響。每個失落經驗都有屬於它的完整故事；故事可能隨著時間的流逝而被遺忘，但身體為「你」記下的感覺或感受，則是為「你」這個生命在往後遇到類似情境時，提供了一份參考，告訴「你」自己該當如何因應。

早期失落經驗形成的因應模式

我說些自己早年生命所發生過的失落經驗，讓你更清楚早年失落經驗如何影響我們這些幼年的失落經驗，成為我日後面對失落事件的無意識自動化反應模式。

在我很小的時候，由於我的父母決定離異，我由父親獨力撫養照顧。父親對我來說，是生命早年最重要的親人，也是我投入最大情感的對象。但大約從四、五歲（甚至更小），我逐漸有印象時，總是被他遺留在朋友家或親戚家，而且當他有事在身不能照顧我時，我就必須被迫接受這樣的安排，被不同的家庭照顧著長短不一的一段時間。

隨著我記憶力的增加，我開始不停累積失落記憶。每次分離時刻一來，我就會大哭，

於是，我可以
好好說再見

要父親別離開。當我發現怎麼也喚不回父親時，我則開始經驗到一個人面對陌生環境的恐懼。有時恐懼太大，我會讓自己空白，切斷感受，讓自己處在空洞狀態。但漸漸的，我開始為自己不得不接受這樣的安排感覺生氣，但環境不容許我表達生氣的情緒，所以我只好悶在心中，自己忍受，然後期待有人來解救我不想要的處境，好結束我的痛苦。

因此，我在幼年的分離與失落過程中，至少經歷過幾種情緒經驗：

1 哀慟。
2 恐懼。
3 空白。
4 生氣。
5 無助。

當我哭著大喊要父親不要離開時，周圍的成人對待我的方式，也讓我形成了因應失落的方式。

也許有些成人會告訴我：「哭什麼，不要哭，沒有什麼好哭的。」或是：「羞羞臉，哭得好醜喔！」「很吵，吵什麼，不要吵。」

也有一些成人會以轉移的方式要我「忘掉悲傷」。可能會給我糖果，或是送我娃娃，讓我和他們建立關係，轉移掉我對父親的依賴與思念。

在我幼年不斷轉換住所的經驗中，不乏一些對我而言的可怕經驗，例如遭受到責打或是言語攻擊。印象中，有一個家庭要我努力做家事，即使我可能才五歲，我要擦地板、整理鞋櫃、收拾碗筷，才能獲得一頓飽餐。我在必須面對生存的條件下，漸漸對等待父親來接回我失去期盼。

如此在這些失落經驗中，我學習了幾種因應環境的方法：

1只能一人獨自悲傷：因為悲傷會被制止，也可能遭受取笑或責備，因此只能一個人獨自悲傷、默默流淚，不能讓人看見。

2用方法轉移掉悲傷：找個替代品，讓自己好過點。

3悲傷是沒用的：將感情埋葬，只有活下去比較重要。

4等一個救贖：除非有什麼強者出現解救我，不然我將一直受苦。

5必須要更堅強：強迫自己要更堅強，認為一定是因為自己不夠堅強才有痛苦，如果夠堅強，就不會受傷了。

於是，我可以好好說再見

於是，在接下來的成長過程裡，一旦又有失落事件發生，我不需多加思索便可以立即有所反應，而這些反應大部分是帶著先前未處理的失落經驗反應。

對於被迫接受安排，被迫接受分離與被迫接受失落，我分外敏感，很快就可以感受到自己的悲慟、恐懼、無助所引發的憤怒，然後因為感受到強大情緒激發，又使大腦一片空白，產生解離反應，讓自己無法思考，也沒有感受。

有時無助的感覺緊接著升起，似乎自己什麼都不能做，只能任憑一切發生；矛盾的是，又不願意接受自己如此無助無能，因此急切的想要找回控制感，便激發出強大的憤怒能量，想要對抗、抗爭。

抗拒接受失落事實好一陣子之後，當我疲累了，又用許多方法來試圖轉移掉自己的失落與痛苦，像是告訴自己：「悲傷是沒用的，不要難過了。」「不會有人在乎，只有我自己一個人獨自悲傷。」或是「難過可以解決問題嗎？」「我一定要夠堅強，才不會感受到受傷。」

其實這些語言都是不善待自己的語言，也是逼迫自己要忽略、否認自己的感覺。當我們無法在悲傷之中，溫柔的撫慰自己與接納自己時，不僅悲傷無法得到善待，還會更加深對自己的無情與殘忍，以苛刻的方式對待自己。

這也是我發現許多人沒有辦法去陪伴他人悲傷的原因。過去的自己也從沒被善待過，過去的自己也沒有得到溫柔的撫慰過，也是依靠強大的逼迫力量要自己忽略感受、否認感受。因此，若遇著他人的悲傷時，也以之前的經驗告訴他人一些逼迫的語言，要他人忽略感受、轉移注意力，或偽裝堅強。

這是我們社會文化的一部分，我們都有類似的成長經驗，一同經歷社會對悲傷的評價，也一同接收社會對悲傷表現所認可的行為標準。這同時創塑了我們社會如何面對失落、處理失落的反應。

許多人都停在評價，評價這失落為何會發生，究竟是誰的錯才造成這樣的失落發生。也有許多的道理出現，勸誡遭逢失落的人「應該」怎麼處理與面對。許多人如此勸誡時，並未覺察到有不妥之處，他過去如此接受，如今他就如此使用出來。

他絲毫未覺察過去失落的傷痛仍在內心隱隱作痛，無法獲得善待；如今，他再次告訴他人不要善待悲傷，不要小題大作，不要讓生活停擺。

這就像一個人意外腿受傷了，傷重到無法行走了，尚未好好醫治，也未學習新的方式行走，旁人卻告訴他：「怎麼走得這麼慢？快一點、快一點，不要停、不要慢。」完全無視傷者的傷重狀態，與實際的行走困難。

我們生命中曾經發生的失落歷史，形成了我們對失落的反應模式，這模式不僅僅影響著我們面對自己的失落時刻，也影響著我們面對他人的失落時刻。當我們採取迴避與轉

於是，我可以
好好說再見

移的方法時，我們也就離真實的失落感受愈來愈遠。

可是，也有人會質問：「迴避與轉移才能避免痛苦啊！若不如此，痛苦太難受了。」一就因想避開痛苦，因此當避開了，便對痛苦一無所知，也對痛苦莫名的害怕，而如此更使痛苦滯留，遲遲無法離開生命。想要結束痛苦，便是去經驗痛苦，與走進痛苦。

當人可以完整走過，便會學習到如何走在當中，也會深刻的認識痛苦帶給生命的意義。一切，都需要學習；經驗痛苦，也是生命所要學習的一部分。而這課題，讓我們學習柔軟面對生命的缺憾，學習溫柔包容生命的不足，學習領受苦難所激發出的慈悲與撫癒力量，如何讓我們的生命更趨真實，也更接納完整、有不同經歷的自己。

【作業】

整理生命的失落史

從有印象的最早期失落經驗開始，依著時間序，慢慢回顧從小到目前為止的失落事件。也許是父母離異，也許是被送往祖父母家或是托兒所，也許是寵物過世或朋友分離。只要是你自己感受到的失落經驗都可以寫下來紀錄。

請回顧每一次失落經驗的情緒反應、認知想法與行為反應，這些反應構成屬於你的悲傷反應模式，也就是你調適失落發生的方法。藉著整理，覺察你自己的失落歷史與如何的因應。

於是，我可以
好好說再見

◎整理你的失落史

失落事件	
0歲	目前年紀
情緒感受	
認知反應	
行為反應	
學習到的正反面經驗意義	

◎重新檢視你的悲傷史，你發現了什麼？

1 你失落後的情緒反應是什麼，有無反覆出現的情緒感受？這些情緒感受是如何激發的，往後是否形成了一貫的情緒反應模式？

2 在你諸多失落經驗中，如何因應失落的發生？你有什麼樣的想法產生？會有哪樣的行為反應來試圖調適？你可以將類似，或重複出現的情緒反應、認知反應或者行為反應，用不同顏色標示出來，以更清楚辨識出你的失落反應模式。

3 你可能因此學習到如何面對或處理失落的方式，也許是以下幾種形式，也許還有更多：

□只能一人獨自悲傷、一個人哭泣、一個人知道，不會有人可以安慰我。

□會用一些方法轉移掉悲傷，或找個替代品，讓自己好過點。

□悲傷是沒用的，將感情埋葬，只有活下去比較重要。

□除非有什麼強者出現解救我，不然我將一直受苦、忍受傷痛。

□其他對失落的因應：

於是，我可以
好好說再見

4哪些方式在當時如何幫助你面對失落，又如何阻礙你面對失落？

5這些失落經驗如何影響你和他人的情感關係距離？如何的影響你對自己生命的看法，又形成了什麼樣的生命風格？

6所有的調適或因應方式，都會有助力，也會有阻力，重新回看過往的調適方式對你造成什麼樣的影響，什麼是正面的影響？而負面影響又有哪些？

7綜合整理之後，你是否能重新意識及覺察自己可以調整哪些因應策略？是否需要發展什麼樣的新調適方法？又需要擴充哪些幫助調適的資源？

整理個人的失落史，可全面性的檢視自己如何受過往早年失落經驗的影響及制約，慣性的激發和反應出過往的因應策略，卻未必是適合目前當下的狀態和需求。

例如，過往童年經驗失落，總是自己獨自面對、壓抑及強忍，如今長大了，卻未能發展適當的社會支持及社會資源來度過難關，這是受過往經驗的框架所制約，無法發展符合現今能力及歷練可運用的因應策略及調適方法。

給自己足夠的時間整理過往，便有機會幫助我們開啟現在的眼光，幫助我們以超越的角度，重新看見自己不同的能力和情境，發現有別以往的不同資源和力量。

Section 8

注意歸因的影響

方玟對於孩子不能健康平安的長大，一直有很深的愧疚感。孩子因疾病過世後，方玟悲慟萬分，腦子不時出現許多來自婆家的責備與評斷：「遺傳基因不好才會生病。」「媽媽不會照顧。」有時候，她確實被這些言語傷害，但某些時候，她也如此責備自己：「一定是我害了孩子，要是我可以為孩子多想一點辦法，多努力照顧，孩子或許還有機會長大。都是我的錯，我是失敗的媽媽。」

而當她悲傷難當時，她也感受到丈夫並不能體會她的感受。一旦想和丈夫談到失去孩子的悲傷，丈夫則要她不要再提了；她常常認為丈夫也將失去孩子的錯誤歸咎在她身上，對她的態度愈來愈淡漠。

似乎，這個家庭不只失去了孩子，他們的婚姻眼見也要難以挽救了。

友信是方玟的丈夫。友信很不願意再提及關於孩子的一切，只要聽到妻子提到想念孩子，友信的心就會沉重又亂糟糟。友信的內心裡，對自己的感覺很不好，身為一個男性，身為一家之主，卻無能為力保護孩子、保護家庭不要經歷這樣的噩耗；只要面對一次失去孩子的事實，就必須面對一次自己是無能的感受。特別當看見妻子在流淚，或是說著她因聽到別人的言語而感覺受傷時，友信覺得更是無能為力，似乎面對妻子的悲傷，他也同樣不知該怎麼辦。他開始不想回家。他覺得若一個家感受不到溫暖，這個家還有什麼意義呢？

影響悲傷狀態的因素，除了失落的調適模式之外，還有一個很重要的因素在於：**我們如何解釋發生在我們身上的事情**，特別是壞事情。解釋會影響悲傷狀態的後續發展，如果解釋失落事件原因的內容，多傾向於否定自我，多處於負向解讀，悲傷狀態便會因此更加複雜。

例如，我曾陪伴多位喪偶女性告別她們的丈夫，我發現，若是心裡解釋丈夫離開的原因是「他好狠心，就這樣丟下我跟孩子……」或是「都是我不好，我沒有關心過他的身體與健康……」、「我的命就是這麼不好，我糟糕透了……」，她們的恢復之路走起來會更坎坷。

若是喪偶女性解釋這件事的發生是「他辛苦好久了，他為這家付出好多了，希望他不再這樣辛苦。我會帶著他的愛繼續活下去」，或是「我知道他無法再陪我、照顧我了，現在開始，我要學習獨力照顧自己與孩子」，這樣的女性，雖在恢復之路上仍是艱辛，卻可漸漸地找到生活的力量與重心。

當然，若論及人要怎麼想、怎麼解釋外在世界發生的事件，那往往來自於我們幼小時的感知，以及幼年時便已形成的認知基模。所以大腦認知如何解釋自己生活中的事件，是漫長生命歷史所累積下來的，不是一般人勸慰：「你不要這樣想，你應該要怎麼想」，就能改變的。

認知解釋的改變必須由個體覺察才有可能改變，個體必須能先覺察到自己通常是以什麼樣的角度與眼光來解釋生活事件與生活世界，是不是有一貫的想法、一貫的反應。當能意識到時，才有重新思考、重新選擇與重新決定的機會。

有些人從小在困苦的環境中成長，常處在競爭與壓迫的氣氛下，在這樣的情境中，感知世界是不公平的，或是「總是欺負我的」、「我總是最倒楣的」、「我是最無能最弱小的」。

在成長的歷程中，無論發生什麼樣的事件，都會更強化他對於世界的認知，與扭曲對自己的觀感。而失落悲傷事件也可能讓他再次印證這世界的模樣，或是對自我生命處境的看法。

如果一個人認為自己的生命是卑微的，總是遇見不公平的事，總是讓人不滿意，總是被批評的，並且深信自己的生命一無是處，那麼當失落悲傷事件發生了，他也有可能偏離事件的真實樣貌，僅僅以慣性解釋來看待。所以，自然而然的，他會以不友善以及攻擊的態度來面對自己的生命，同時也對這世界發出不平之鳴。甚至，可能對世界再也不願意連結，拒絕開放自己、拒絕讓外界進入他的內心、也拒絕讓自己再接觸外界。

如此，便會影響他與自己的關係，也影響他與世界的關係。兩者終究都會無法和解，也無法和好。

另外，有些死亡事件是意外，也是任何人無法預料與預防的，若是過於苛責自己，並且強烈否定自我，便會不斷強化「是自己沒有阻止，才導致死亡的發生」，或是「都是自己害的，是自己的過錯」。這種不友善的負面內在歸因，並非是突然冒出來的，而是在於生命歷史中，一貫以這樣否定自我的解釋方式來面對生活事件。

僵化固著的思想，造成人的痛苦

的確，壞事有壞事的本質，並不能合理化以樂觀來粉飾或美化壞事的發生。壞事的發生必然會造成許多遺憾、恐懼、自責、無助和傷痛的情緒反應，然而我們可以分辨的是，這些感受是否有著流動與轉化的空間，這也來自我們的思想意識是否仍有空間流動轉化。

根深柢固的認知解釋方式往往會過於僵化，難以更動，無論周遭提供什麼訊息，或是給予什麼回應，都不願意改變與變動認知思考的過程與內容。即使這樣的思考方式已造成個體的強烈痛苦，卻仍是深信不疑，並且形成了人格的一部分，相信這世界就是要毀滅他，相信每個人都對他不友善，認定這世界是充滿敵意的。這樣的信念會使得即使周圍有人想關懷、有人想幫助，也被解釋為惡意或是有所企圖，如此自然收取不到四周環境的善意與關愛。

收取不到來自四周環境的良善訊息，對任何一個人的生命來說，都可能扼殺與阻斷其活力，並且讓自己活得愈來愈悲憤與仇恨。因為在心靈上，我們將一筆一筆地記住自己如何被惡待與傷害的痕跡，卻無法儲存任何人所給的滋養與關懷，以及一些良善與撫慰的力量。

這也是人在早年成長經驗中，所累積的反應模式，對於我們所要擷取的訊息都有一些偏好，都有自己固定的想法，也會以自己慣用的解釋方式來理解事情。

在我們生存環境中，每一刻其實都有成千上萬的訊息同時存在。人無法掌握完全，也無法立即吸取，因此要擷取什麼，使之形成對自己有所意義的訊息，是每一個人自行決定的。這些解讀，往往只能顯現事件的某一部分，卻不是完整事件的全貌。

若是一個人對於周圍環境是充滿敵意的，他會相信這環境對自己是不安全的，也相信會有人對他不利。為了證明自己的想法，這個人便會有意無意的收取別人想傷害他的證據，不論那是否是真實發生的事。因此，他不得不累積一些受威脅的經驗，也不得不累積與人之間的各種衝突情緒，因為他在選擇訊息的過程中，已「自動」的選擇那些會令他不舒服、感受到不安全與不受尊重的訊息。而那些出現過的友善或尊重、關懷或理解，則會毫不考慮，甚至毫無意識的瞬間剔除。

悲傷何以難以轉化？

何以在悲傷處理中，需要瞭解人是如何解釋訊息呢？最主要是，一個喪親者在痛失摯親的狀態下，已處在內心有所缺乏、感受到不安的脆弱狀態。若是原本的行事風格與認知觀點已傾向對這世界不滿、怨懟、懷疑、疏離，在失去重要他人的情況下，會更雪上加霜，生命中累積的沉重傷痛經驗無疑又多加上一件。這是個體原本就形成的眼光與認知觀點，除非自我意識到，否則便會不斷的重複某些處境、某些經驗與某些感受；雖然每一事件必然有所不同，但最後帶給個體的影響，仍和過去生命的諸多感受相近與相似，讓人覺得如同無形的鬼魅不斷干擾自己的生命，陰魂不散。

另一部分讓人持續受苦的因素，來自於無法具有彈性轉換的韌性，無論是轉換立場或轉換距離。如果一個人過於死守在自己的位置看待事物，不願意或無法接收不同的思考機會，為了防禦自己而使自我過於封閉，那麼獲得轉化（無論轉念或轉化情緒，又或是換位思考）機會也變得渺茫。

一個人除了在自己的位置思考事情、體會與理解事情，也需要有能力轉換不同的角度，或以不同的距離觀察處境、覺察自己與他人。這亦是同理心的基本能力。

而我認為具備同理心的人，能夠體會自己的感受情緒，必定也能夠給予他人空間與時間，體會屬於個人的感受與情緒。一個善待自己的人，能懂得尊重自己，同時會懂得尊重別人，不會選擇去惡待別人。關照自己與關照別人，維護自己的權利與維護別人的權利，我認為是不衝突的。

善待自己的概念與自私自利是不同的。自私自利的人無法轉換不同的角度去觀看事情，也不能轉換位置去體察別人的感受。由於他相信自己是能力不足與被忽視的，因此他所使用的方式是掠奪與侵犯，以掠奪與侵犯來鞏固自己的利益，確保自己的優勢。這樣的人，眼中只有自己，以自我為中心，只為證明自己的優越或地位，無法體會他人感受，也不在乎他人感受。某個層面來說，這樣的人是無法具有同理心的。

無法有同理心，也就不能站在他人的位置感受他人的心情，也無法換個角度理解事情，自然而然，固執的想法與反應模式難以改變。我常在喪慟的家庭中看見這樣的情況發生，深信自己所承受的是最大的痛苦與不幸，眼中與心中常認為別人是幸運或比較不受苦的。只因為別人看起來不是心中所認定的樣子，就為別人的行為下了判斷與評價。

例如：喪偶的老母親認為孩子沒有如她痛失伴侶這般的痛苦，只有她一個人最哀慟與最寂寞，對孩子來說根本沒有什麼影響。她認定自己成了最不幸的孤獨老人，這時候的她可能無法體會到，對孩子來說，他們認為不適宜對母親表達悲傷而造成母親的情緒負擔，他們也可能會害怕若經驗到悲傷，會使日常生活的功能失常而影響家庭作息或工作。也可能孩子們從小到大的經驗形成一些既定的調適模式，使他們選擇獨自悲傷，壓抑隱忍。在彼此不理解的情況下，我們會對另一個人的行為給予偏頗的判斷與偏執的評價，而不是進一步的瞭解與關懷。

重大苦難，挑戰過往的生存模式

生命裡的重大失落或重大苦難，有時更容易突顯一個人的處事風格與因應模式，同時也是最有可能敲擊掉那些不適宜的處事風格與因應模式，使人的生命獲得新的塑造機會。

許多喪親者都曾向我分享失落事件如何產生力道，使他們對世界、對人生的既定觀點崩毀，又如何在艱辛中，一點一滴的形成新的眼光，來認知他們所體會到的真實人生，與重新學習不同以往的新人生經驗。

也許藉著重大失落事件的發生，我們可以重新檢視自己如何因應生命中的痛苦，又如何解釋與論定自己和人際、環境的關係。喪失至親與摯愛對個體而言是巨大痛苦，這不容置疑，但或許我們亦是加重自己痛苦的人，不斷加深與人之間的鴻溝、不斷控訴他人與自己、不斷與環境為敵，這些破壞，讓傷痛的療癒之路更加遙遠，療癒力量也更加稀微。

若是真心想要走過悲傷，讓悲傷獲得療癒，開展力量來承接生命，就需要允許自己柔軟些，開放生命的出口，拋棄掉一些消耗生命能量的不合理信念與觀點，好讓新的空間包容下有別過往的新眼光、新信念，使生命可以邁向真實，朝成長的路上前進。

於是，我可以
好好說再見

【作業】
檢視是否有不合情、不合理的信念，成為干擾生命療癒的元凶

◎是否有以下的想法或念頭，並且出現的頻率很高，常以這樣的信念解釋自己的生命處境：

□上天故意要懲罰我，我從出生就注定不幸，而且一輩子如此。
□只有我最不幸，沒有人會比我更不幸，別人都過得很幸福、很成功。
□發生在我身上的這些遭遇，別人一定更瞧不起我，因此更看輕我。
□我相信都是我的錯，才使別人遭遇厄運，喪失生命。
□沒有人懂得我的苦，我注定要孤單的獨自承受。
□我什麼都不能做，只能任憑命運摧殘我。
□除非別人滿足我所有的需要，解決我的痛苦，不然我寧可不要任何關心。

◎你可以調整一些念頭、想法，來面對生命遭逢的傷痛與低落時刻：

※生命裡發生的壞事是一種經歷，不是罪過與錯失。
※如果我願意，我可以為自己找到足夠的幫助。
※生命裡有許多困難的事與困難的時刻，我需要時間學習，我也允許自己可以學習。
※生命有太多超過我能力的事，生命不是在我一人掌握中，我只需要為我能負責的部分負責。
※我能體會與接收到他人對我的關心，即使我的需求無法全部的滿足。
※在艱困的時期，我仍然可以看見自己的努力與力量。在遭遇許多的苦難與傷痛之後，我有足夠的力量讓生命繼續活下來。
※這世界有好事，亦有壞事，這不是完美的世界，卻是一個有愛與關懷的世界。

不合理及非理性信念源自於早年生活環境有太多失去檢核的經驗，未經辨識和邏輯思考，往往脫離現實的運作，卻讓個體深信不疑。

於是，我可以
好好說再見

有些非理性信念甚至摻雜許多社會文化和長輩所灌輸的訊息，例如：「什麼長相的人會剋夫」、「生病的人是遭天譴」……代代相傳，不僅沒有科學實證性，還以一種無意識的不明情緒操弄人心，讓人失去判斷力、思考力和現實感。

特別是偏執的歸因往往失去客觀事實驗證，而以信念的形式存在，影響著我們的判斷和反應，這是我們不能不察覺、不反思的。試著覺察和鬆動那些固著的負面信念和解讀。

Section 9

慢慢學習自我關愛

卿容的母親在上班途中，被公車擦撞，意外命喪在車輪下。卿容全家無法置信，父親更因此情緒崩潰，只能癱在床上。卿容自己也好悲傷，但她要自己堅強起來，好好照顧父親的身體，並維持好自己的情緒。

望著父親悲傷不已的神情，卿容只能偷偷哭泣，好怕自己的情緒會加重父親的悲傷。可是日復一日，父親的狀況似乎沒有好轉起來，卿容必須要苦勸父親想開點，好好的為家人保重自己，同時又常常覺得好疲倦，一直有個壓力在自己的肩頭上，特別是一堆現

於是，我可以好好說再見

實問題——需要處理的訴訟、母親的後事、家庭的經濟與對家人的生活照顧，每一件都讓她好厭倦、好沉重。卿容不明白，何以生命要歷經這樣的痛苦，何以有這麼殘忍的事發生，為什麼母親要突然的離開？自己若無法撐住該怎麼辦？而父親的悲傷又該怎麼辦？……

當我們失去重要他人時，正代表著非常重要的愛的來源，或是被照顧、被關懷的來源消失了。沒有人會在早晨時，總是為你沖好一杯溫熱牛奶，告訴你早餐最重要；沒有人會在你疲累一天後，為你準備一頓溫暖的晚餐，讓你感受到幸福；沒有人會在你沮喪、挫折時，對你說幾句打氣鼓勵的話，或是靜靜聽你說，讓你感受到不孤單。那一份愛，不論你願不願意，都正隨著親人的遠去而逐漸消逝中。

豈能不悲傷、不失落呢？

人生在世一輩子，誰不盼望有份永恆不變的愛，依著這份愛，我們感受到自己生命的可愛與被接納。如果這一份愛消逝了，我們憑什麼相信自己是一個被愛與擁有愛的生命呢？

「我覺得沒有人愛我了」、「我好久沒有感受到被愛了」、「我好久沒有人擁抱過了」，許多喪親者都曾對我吶喊出這般深沉痛楚。

是的，曾經，那位重要的親人，讓你深深感受過如何被疼愛，也讓你體會到溫暖與溫馨的陪伴。在過去，那位重要親人參與在你生命中，你們一同走過人生裡困難或是輝煌的特別時刻，但這一切一切的記憶，隨著摯親的遠去，漸漸的變得稀薄，猶如清晨空氣中的薄霧，無法觸摸，又隨著高高升起的豔陽，在光線的照耀下飛快消逝。

如果人生裡，不再感受得到愛，生活只剩下事物的處理，與不得不的責任，生命是無法感受到熱情與美好的。如果人的誕生與存在，只是為了完成一件又一件的生活必須，與完成一個又一個的要求，很快的，就會感到生命了無生趣、索然無味，厭世和憂鬱的念頭很快就會升起。

失落愛後的生存挑戰

在人生裡，真正能讓我們感覺活著的美好與幸福，是因為我們感受到愛，體驗到被接納與被重視，體驗到被在乎與關愛。這是生命非常重要的需要，能有愛的來源與保障，沒有人希望自己的存在只是孤單寂寞，沒有情感的流動。

於是，我可以
好好說再見

可是，愛我們與我們所愛的人從此不在，我們如何再感受活著的美好呢？

當一切都失去動能時，過每一天成為極度費力的事。因此我常看見喪親者不再能穩定的進食、睡眠、參與活動，有時候連出門都變得困難。

失去關愛我們的人，讓人心力交瘁，體會不到被保護、被在乎，於是很容易的，我們也會失去對自己的關愛與在乎。即使知道自己身心狀態不佳，卻失去了照顧自己的能量，以致生活的品質持續下降，健康也明顯出了狀況。

喪親之後，遇到的挑戰很多，其中之一便是要開始學習關愛自己。這可能是長久以來未曾學過的事。也許過去一直有一個或數個照顧我們的人，在生活中提供己需；也許我們是一個很會照顧別人，提供他人所需的人，無論是哪一種，都可能不曾好好關注自己的所需，並成為滿足自己所需的那一個人。當生活被迫只有自己一人時，或是再也無人可以依靠時，關愛自己便是非常重要的一項學習——學習慢慢成為支持自己的人、成為保護自己的人、成為願意愛自己的人，在接下去的人生道路上。

自我關愛，首先必須要能覺察到自我需要；若無法覺察到需要，自然無法提供滋養與關照。這些需要包括身體的需要、心理的需要與靈性的需要；或許，身體與心理會感受到極度的疲累，靈性會感受到極度的苦痛；或許，身體處於緊繃僵硬，情緒混亂不安，靈性感受到對人生處境強烈疑惑；又或許，身心都因著傷痛而受傷了，靈性也因為傷痛而受困。

這種種情況使我們承受超過原本所能負荷的重量，讓人經驗到一種被打敗的挫折感與無助感。如果任由挫折感與無助感不斷吞噬生命能量，而遲遲無法供應身心靈所需之關愛，人必定付出更大的氣力支撐自己，直到消耗殆盡。

也許你會這麼想：關愛你的人已經消失，又有誰會這麼愛你、重視你、保護你？

但既然曾經有人那樣的愛你、重視你與保護你，對那份愛的體會就是真實存在的，不會隨著那個人的消逝而離去，只是現在那份愛已在你身上，必須由你自己給出來。你可以想像，過去那位愛你的人如何使你感受到被愛，如何使你感受到被重視與在乎，你是否願意以他所對你的那份愛來繼續愛你的生命？

愛雖然好似消失，卻已永在

曾經，我在歷經痛失摯親、摯愛之後，不懂得關愛自己。我以為，那人消失了，那愛也就失去了；因為失去，心感受痛；因為痛，而不敢再碰觸、體會那份愛。久而久之，我對自己相當暴戾、殘忍，也有許多苛責與否定，直到我慢慢療癒苦痛，也才慢慢體會到那份愛的豐富與美好。

於是，我可以好好說再見

然後，漸漸發現，愛我的人其實在我生命中延續了對愛的體會，時間固然短暫，卻足以體會到無條件的愛，感受到獨一無二的自己，被完完全全的愛著；這份愛，讓我清清楚楚知道愛的面貌，知道愛的感覺。

即使那份關係看似消失，但那份關愛會生生世世的長存在我內心。在形體上，我是失去了這個人，但情感與靈魂上仍繼續擁有這個人，這個深深疼愛著我的人。

當我將那些愛的體會慢慢的歸位，擺回應該在的位置，我才開始體會到，我的生命是從那些愛之中一路走來，而接下來的人生，好好的愛自己，便是愛著那些曾經愛著我的人！

善待自己，是我找到繼續愛他們的方式。

因此，我開始學會關愛自己，以良善對待自己的生命。我確實不願意分離，但因為分離，我才開始學會什麼是關愛、什麼是體諒、什麼是保護、什麼是珍重生命。

這份愛的功課，最重要的學習是——愛不是索求，不是占有，而是讓自己的生命因著愛而成為了愛，並且學習繼續向世界分享出愛。

【作業】

身心內外在需要的覺察之一

以彩色蠟筆或有色鉛筆，畫出自己身體各器官與四肢各部位感到疲累、疼痛及各種感覺的位置。請選擇對你個人有意義的顏色，表現出各種感受（例如：紅色表示發炎，黑色表示沉重，黃色表示麻木等等），力道與筆觸依自己的直覺表現。

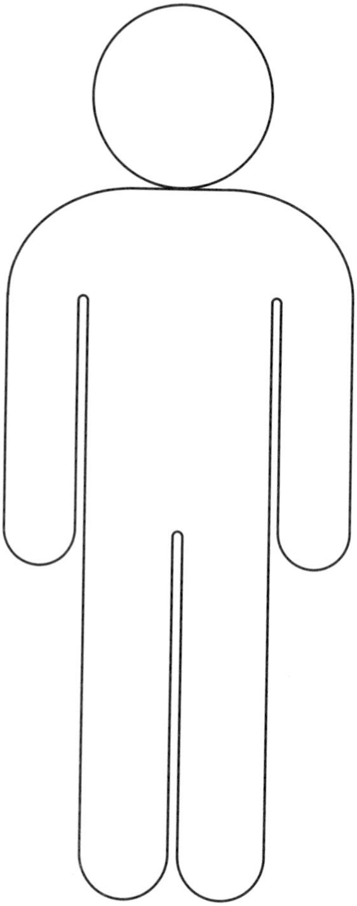

於是，我可以
好好說再見

以繪圖方式自我覺察：

1 覺察和感受自己的身心內外狀態。

2 接下來，以彩色蠟筆或有色鉛筆，畫出或寫出感到疲累、疼痛及各種感覺的位置所需要的照顧或關愛。怎麼做？給些什麼樣的關懷，你會感覺到好一些，會感受到支持、善待與療癒？

3 關懷自己內外在狀態所需要的照顧和維護是什麼呢？

情感失落與喪親之後，若自己成為孤身一人，很多原本會進行的生活作息和身體照顧會隨之消失，過去會和至親、摯愛一同安排的生活照顧，因為剩下自己，容易不再打起精神好打理和安排，久而久之可能因此生活失序，身體也會日漸虛弱、失去營養和健康。

悲傷療癒的過程，也是學習將關愛運行在自己生命的過程，讓摯親、摯愛的愛，成為我們照顧好自己身心、活出健康生命的心理動力，不忽略自己，也不否定自己的存在，仍願意將自己視為珍貴的生命，好好照顧與善待。

Section 10

找尋適切的幫助和資源

翠華知道自己很不對勁，心情很煩亂，一直無法安穩下來。自從父親和丈夫相繼過世後，翠華總覺得一定還會有不好的壞事發生，因為壞事總會接二連三。

而且她又沒有能力預知究竟還有沒有壞事會發生，於是一直心神不寧，有時甚至擔心會不會下一個遭遇厄運的將會是自己。

翠華變得很恐懼獨處，一獨處就渾身不自在，但她又不知該如何做。她想要有人陪伴，但又擔心別人會取笑她、奚落她沒用，於是只要能在外遛達她就盡量在外，沒有目的的一直在市區裡閒晃。她也不知道這樣是好，還是不好，但至少不用回家面對空蕩蕩的屋子。空蕩蕩的屋子會讓她悲從中來，然而當她一旦想哭，就會趕快制止自己，因為一想到自己哭得這麼傷心，卻沒人在旁安慰，就覺得自己的生命真是淒涼。

我認為現代人必備的能力之一，便是懂得如何求助，或是為自己找到好的幫助。基於我們從小被教導要堅強、不能沒用的因素下，求助被現代人解釋為一種「失能」的表現。但我不斷的反覆觀察，發現「無法求助」才是一種「失能」的表現。

現今的人際互動頻繁也複雜，生活與經濟壓力更是造成許多人適應不良的重要因素，如果僅憑一己之力克服與解決生活中遇到的大小問題，除了會感受到層出不窮、有待解決的問題之外，還會感受到身心俱疲，而造成很大的身心耗竭。

但在人要堅強、不能沒用的文化驅力強迫下，常常可見寧願默默承受，悶著頭用自己的方式處理，也不願去尋求協助，或尋求好的幫助。唯恐一日求助了，就成為「有問題」、「沒能力」、「有毛病」的人。

我很欣賞願意求助的人，願意好好求助的人往往表示他相信可以為自己找到適當的幫助力量，也願意為自己尋找一些調適壓力或改變處理方式的機會。

失去至親與摯愛的人，常一併的失去許多的社會資源，像是失去了某一些支持系統，失去了一些人際網絡，失去了一些生活條件。正因為如此，喪親者更需要為自己引進一些新的資源，建立新的人際網絡。

也許，會有一段時間你被情緒的重擔壓得喘不過氣來，甚至因為傷痛而寸步難行，根本沒有力氣再幫助自己尋找新的資源。確實會有這段什麼都不想做、不想動的歷程。我們可以接納這樣的時刻，但我們不因此忽略自己的需要，在一點一滴重建關懷自己的能力後，我們可以為自己主動嘗試，尋找所需要的資源與支持，再次重返與社會的連結。

事實上，你的家人與朋友也需要你的幫忙。你可能會覺得詭異，是你遭受困難與痛苦，何以他們需要你的幫忙？

因為，大多數的人並不知道如何陪伴一位遭受苦痛與失落的人，人們比較習慣於：以為只要代為發布消息，廣傳你的困難與遭遇，就是一種關懷你與陪伴你的方式，他們很難瞭解什麼是你真正想要的關懷。我們的社會，其實對於人想要什麼樣的關懷一直欠缺真正的理解與尊重，社會不重視什麼是人們心裡想要的關懷，而是自顧自的給，自以為是好的就全丟給人，用自己認為對的方式在關懷他人。如果能給的都給了，情況卻沒好轉，人就會因挫折而生氣，覺得對方自甘墮落，或幫再多也沒用，而對其採取淡漠態度，以此切割情緒。

悲傷的調適，無法全靠理智

人們很容易忽略，當一個人處於失落的處境中時，情況是很特殊的。此時此刻，情緒複雜而混亂，已無法如往常一般，依靠理智的控制與說服來過生活，理智亦無法順利抑制大量湧現的情緒感受，因此感受到的痛苦也會異常的明顯與龐大。而且內心經驗到的脆弱與無助，會需要仰賴一些人的照顧、協助與支持，特別是當生命中給予關愛與支持的人消逝不見了之後。

在有所喪失的情況下，需要他人給予關愛並非是差勁的表現，而是真實的需要。許多喪親者在請求我給予其協助與支援時，會抱持著羞愧的心對我說：「真是不好意思，我是不是真的很沒用？」

我會好奇的反問：「何以如此看待自己？」聽完他們對自己的許多苛責看法後，我會接著回應：「現在是你人生非常困難的時刻，你不會一直處於這樣的時刻，你會從中學習、從中克服，但當一切還沒有穩定之前，你能為自己的需要尋找協助是很重要的需求，也是正確的事。」

所以，我非常鼓勵喪親者體察自己的缺乏與需要，尋求可以給予適當協助的人。在尋找之後，則需要靠喪親者主動的提出什麼是自己內在的需要，什麼樣的協助可以真正幫到自己，而向外提出說明，表達需求，並詢問適當的幫助管道及資源。

為自己找到需要的協助

先排除那些為了個人利益而靠過來的親友。我聽過許多出於真心關懷的親友們，確實有種不知所措、無力可施的窘境，這是我們社會長期缺乏關懷他人能力的後果。但是，雖然技巧欠缺，卻不表示沒有心意，這是喪親者可以多加分辨的。

一些親友可能有心意無技巧，有些親友可能無心意也無技巧。如果是無心意也無技巧，就放開他們吧！因為冀望這樣的親友給你需要的安慰是吃力的事，也是不切實際的期待。而那些有心意卻無技巧的人，便需要你的幫助了：需要你表達此刻的你需要什麼樣的關懷，在不斷溝通下，共同琢磨出一種雙方都能安然也都無傷的方式。

當我和許多喪親者討論如何表達自己的需要時，我發現，許多人並不知道如何適切表達，導致周圍親友們只能憑著自己過去的經驗，或是社會的價值觀，與對悲傷的迷思來對待喪親者，甚至他們根本無從得知所使用的方式已是二度傷害，或是讓悲傷更加抑制或惡化。

「不是只有喪親者需要幫助」，這是我所要表達的重點，旁邊的親友也需要被幫助，

於是，我可以
好好說再見

知道可以如何提供關懷，可以如何陪伴。

而我認為，與其詢問一位所謂的「專家」或「專業者」教導人如何關懷與陪伴喪親者，不如由喪親者本身來表達來得適切。人是如此獨特，心思意念也如此不同，尊重個別差異是關懷的首要態度。

因此，喪親者的獨特狀態便需要由當事人親自表達。我常常感覺到，我們的社會並不是一個「接納不同」的社會，常常因為想法不同、體會不同，而相互爭辯，或是企圖把對方「更正」成相同的，而不是打開耳朵，聆聽「這樣的不同」從何而來，有什麼樣的脈絡。

在「尊重」的前提下，我想，人才能有空間把自己的獨特想法與感受表達出來。如果在具有侵犯性，與不具彈性的生活空間裡，要人表達出自己需要協助與支持是困難的。例如最常見的例子（這樣的不容許悲傷也曾發生在我身上），周圍的人告訴一個喪父母的孩子：「你要勇敢、要堅強，不要哭，要趕快長大、要乖。」或是告訴一位喪偶的媽媽：「妳不能倒下，不要軟弱，孩子還需要妳。」

這樣的說法都是教人把失落的悲傷與無助吞回去，不要感受這些難過，不要期待別人的幫助；於是，他們只能靠自己，並且感到被世界遺棄。

如果你可以、有力量做到的話，我會鼓勵容許自己活在自己的處境中，不要為了符合社會的期待，選擇以否認、麻木或壓抑的方式處理自己的感受與需要，因為那樣只是將自己推向無情的幽谷。

當人不允許自己可以軟弱時，正代表他無法從他處得到支持與撫慰，只能憑著自己一人承受。這樣的自己，雖然看似堅強，卻往往在堅強的底下，深藏著一個微弱的渴望：「我並沒有這麼強，我也需要被關懷、被愛和感受到支持。」

如果這也是你的感覺，可以感覺到自己的軟弱與痛苦，那麼，清楚知道自己的狀況在哪裡，以及需要親友給予什麼樣的陪伴，需要哪些明確的表達。例如：

「可以聽我談一下我想念的人嗎？」

「可以陪我一會兒嗎？不需特別說些鼓勵的話，或是勸我什麼，只要陪在我身旁。」

「我想要好好哭，可以陪在我身邊，讓我哭一會兒嗎？」

「可以給我一個擁抱嗎？我需要一些力量。」

「可以讓我不說什麼，讓我靜默一些時候嗎？」

「可以讓我無力一段時間嗎？我想要好好整理發生在我身上的事。」

「可以不強迫我一定要參加什麼嗎？我還沒準備好那樣的心情。」

清楚自己的需要，維護自己的需要，是我們必須為自己負起的責任。沒有人比我們還清楚要如何自我關照，如果我們不表達，認為別人就應該懂、應該諒解、應該提供，這並不是合理的期待，也易將自己置放在始終遭受他人忽視或傷害的處境中，演變成受害者的形象。

所以，請記得當你在悲傷時，你的親友們也許正困在不知道怎麼表達關愛的無助中，也許他們用了僅能發揮的方式安慰你。

你可以接收他們的愛，卻不需接受他們的不合理期待，更不需逼迫自己要趕緊強壯起來，好讓別人安心、放心。因為你是你，你可以有自己的腳步、自己的空間、自己的狀態，你可以選擇讓你的親友們瞭解，你可以選擇讓你的親友們靠近，你可以讓他們知道如何懂你，給你所需要的幫助。

得到適切的幫助，不是靠運氣

獲得適切的幫助並不是靠運氣或靠命運，而是依靠你對自己的瞭解與對生活世界的信任。當我們願意為自己所需而幫助自己邁開腳步時，才能多一個機會，獲得來自環境的適切幫助。或許過程不是這麼順利，總會有所摸索與波折，但你是最懂自己需要的專家，由你來表達與說明是最適當的。如此，你才能真正的獲得關懷與陪伴。

【作業】

我需要什麼樣的資源？

我的身體：

我的心情：

我的生活：

我的工作：

於是，我可以
好好說再見

我的經濟：

我的信仰：

我的家庭：

我的家人：

我的環境：

其他：

好好照顧自己，需要建立在能覺察自己的需求。

喪親後的悲傷調適之路，難免有許多挫折和煩心之事，加上習慣已久的生活歷經改變，足以令人必須適應好一段時間。這段時間，也是各種壓力聚集的階段，少了對自己的一份關切，會讓我們處在壓力下而不自覺，忘了為自己尋求需要的幫助和關懷。

事實上，悲傷之所以存在於人間，正是讓我們經驗到彼此幫助和彼此照顧的意義。人生總有失落和分離，當社會上有個人或家庭遭遇喪慟時，人與人之間能夠即時給予關懷與支持，這是一個健全社會和制度需要展現的支持力和修復力，也能讓身在社會的我們，感到安心、安全和信任。

Section 11

認識悲傷

我在一場演講場合中，聽著一名與會者分享著她喪親的痛苦。這位女性聽眾的丈夫因故過世，但孩子還小，她幾乎沒有時間可以感受自我。在她的印象裡，自己沒有哭過幾回，總為了生活中的大小需要，要自己趕快堅強，聽著我的演講時，卻意外的流淚不止，心裡好沮喪。她心想：「原來，我並未好起來。」她有些激動地問我：「我到底要怎麼做，才可以真正好起來，才可以不再流淚？」

悲傷調適所需要的時間

經歷過失去摯愛，人們才會真正的知道一件事，那就是悲傷其實會一直存在，沒有盡頭，只是體驗強弱的改變，以及被影響的程度。

悲傷，表示的是某一段重要情感與關係的失去，只要一想到曾有的記憶、曾傷過的心，悲傷就會從中而來。既然悲傷會一直存在，那麼悲傷的處理就不是要杜絕悲傷、終止悲傷，而是要學習怎麼讓悲傷的出現不具傷害性，讓人能把悲傷的動力轉換成另一種生命能量，好更貼近自己的生命、更體悟人生。

國外有許多研究文獻在探討喪親的恢復期需要歷經多久。喪親調適的腳步是因人而異的，死亡的形式也會有所影響，但有沒有一個平均數可以讓我們大約知道：多久的悲傷調適、生活適應是一個合理的範圍呢？

國外專家們對這個問題的回答，普遍認為「長期傷病的死亡」，喪親者的恢復期是「二到四年」不等。而「意外猝死」，甚至「慘死」的，恢復期通常需要「四到七年」，並認為需要復原的狀態可能是無止境的。還有一些文獻指明了喪親後的第一年常是處於麻木的感覺裡，還未經歷到真實的悲傷，第二年到第三年，喪親者哀悼的悲傷反應則會明顯增加。

這和社會大多數人的認知是有差距的。大多數的人認為悲傷只要一下子就夠了，也認

於是，我可以
好好說再見

為時間久了就該沒事了；我們社會對喪親的需求與反應的知識普遍不足，使得社會、傳播媒體，乃至於各行各業，常對喪親者做出錯誤的解讀與要求。

許多突然失去摯親的人都曾憤怒的對我說：「那些對我講輕鬆話語的人，他們根本不懂這種感覺有多難熬、多痛苦。要是他們遭遇過了，他們就會知道。」他們的憤慨可想而知，也可理解緣由，這正代表著他們和所處社會的距離有多遙遠，他們多難在這個社會找到一個適切的空間來讓人生暫時停頓，好讓自己重新建構對生命、對真實世界的理解，也為自己的存在看見一個嶄新意義。

另一種普遍的現象是，即使喪親者深知自己在遭遇喪親之後，需要一段時間暫時「退隱」，重新整理生命，等待準備好時再重新開始，但周圍環境卻沒有「準備好」，讓喪親者擁有這樣的空間與時間。

我們可以想像這樣的畫面：一個舞台上，一邊一大群人，另一邊是一個人。這個人被拋出於一群人之外，他的一舉一動被看得仔細；但這個人深知他不能再像那一群人一樣的過日子，隱藏在群體裡，自以為安全。他對著那一群人呼喊：「我需要自己的空間，我需要自己的步調，我沒有辦法再跟著你們行動，也沒有辦法假裝我跟你們相同。」

當他述說著這樣的心聲時，聚光燈打在他一個人身上，他的獨白引來另一群人的騷動，有一些不以為然的聲音自群體中叫喊著：「幹麼跟別人不一樣，你自己比較行嗎？自己一個人比較好嗎？」也有一些充滿擔憂的聲音自群體中叫喊著：「不要啦！你就乖乖聽大家的話，乖乖的跟著大家行動，這樣你就不會是那個有問題、那個破壞合群的人。」群體中，還有一些充滿憤怒的聲音在叫喊著：「算了算了，不要理他。他自以為他行，他自以為特別，隨他去好了，不要理他。」

聽著群體發出的不同聲音，喪親人心裡開始七上八下：他確實知道需要一些個別的空間來安頓自己、真實的做他自己、與自己同在，但又害怕這一個決定，將使他和群體的關係破裂，並且使他看起來很糟糕、很有問題。被這麼多人的眼睛盯著看，他覺得害怕，也覺得焦慮。自己真要選擇不同的這一邊嗎？還是快快隱藏回群體中？只要不被看見、不被注目，自己就不是那個有問題的人了？

如果是你，你選擇什麼？做真實的自己，還是隱身回群體中，讓自己安全點？

這樣的比喻是我和一位年輕喪夫女性談話中，我們兩人一起共構出來的隱喻畫面。我們談到喪夫經歷，像是被拋出常態的生活軌道之外，過著和許多人不同體驗的日子。她無法再如一般沒有經歷過喪偶經驗的已婚者那樣的去體會生活，用一大堆的責任、規範來要求自己應該怎樣過日子。她也很難不體驗到自己的情緒感受，無法如大部分人所勸慰的，「不要再提、再想那些傷心的事」就可以解決得了。她清楚的感知到自己的需要，

於是，我可以
好好說再見

她需要整理好自己，建立好信心，生活才有再出發的可能。

可是，當她自己真的選擇走一條和別人、和社會群體不同的路時，當她想要尊重自己的悲傷需要、體恤自己的處境時，她感受到來自於內心的掙扎與恐懼，那是自群體分割出來的不確定感與不安全感。隱身當然是最省事省力的方式，不去做自己，照著群體的意思走，只要把日子混過去就好了；但是她知道自己融入不了，因為群體所建構的生活方式與生活態度，讓她很難再如過去一樣順應自我生存。於是，衝突、矛盾、掙扎，無時無刻的出現。

她語重心長的說：「在歷經意外喪親之後，要能好好與自己的悲傷共處，是一件艱難且辛苦的事，所以大部分的喪親者會放棄，會回到舊有的生活軌道，藏身在群體中過日子，不願意打開自己的悲傷，也不願意照顧自己的悲傷。」

這是我們社會對悲傷的態度，不理解也不知道喪親者究竟需要什麼。即使是喪親者本身，也因為對悲傷的不瞭解，而對自己的悲傷心生恐懼與厭惡，亟欲排斥於生命之外。

悲傷型態的瞭解

一個人失去所愛的反應，東西方目前皆以悲傷（grief）來表示。死亡之外的失落，也適用以悲傷來表示。「失落」（loss）主要是意指「對那些曾擁有過的某人或某物，我們再也無法擁有了」（根據《*The Barnhart Concise Dictionary of Etymology*》的定義）。而當人需要去適應此失落的過程，則可稱為：哀悼或悼念。

悲傷更進一步的界定，可分為：「一般單純性悲傷」，以及「困難與複雜性悲傷」。

◎一般單純性悲傷

一般性悲傷，意指在面對失落時，各方面會有的正常反應。在預期的情況中，可預料失落終將到來，在有心理準備的情況下，慢慢面對失落的事實。在失落發生後，仍會深刻體驗到失落的各面向反應，在充分的哀悼後，人會漸漸恢復生命活力，找尋到新的情感投注對象與產生新的人際連結。

在充分的哀悼，有充分的空間與時間可以表達悲傷的情況下，人可以自然適應失落後的生活改變，重整出一個新的生活型態。而依據不同的失落對象，需要的調適時間可能從幾個星期、幾個月，或到一兩年都可能。

◎困難與複雜性悲傷

人生中，大部分的死亡事件是人們難以預料的，甚至無從得知的。那些屬於意外性質的死亡事件，往往帶給周遭親友難以言說的複雜沉重感受，並且立即的承接許多因這意外的失落所導致的問題與重創。因為壓力如此龐大，改變如此劇烈，人的身心靈在無法面對被剝奪的情況下，便會歷經不同層面的適應失落困難。如此，悲傷的歷程也會顯得困難與複雜。這些複雜性悲傷，許多時候，是由於無法悲傷所致，諸多外國學者研究複雜性的悲傷，歸類了以下幾種型態：

慢性化的悲傷：慢性化的悲傷，常見於失落的事件缺乏一個好的機會表達悲傷，或是根本失去空間與時間可以處理悲傷，甚至連哀悼都不行，就被迫吞進所有悲傷。沒有得到好的機會表達或處理的悲傷，在人的生命中演化成一種生命調性，慢性化的影響著一個人的身心靈，例如早年遭遇白色恐怖而痛失親人的家庭與個人，還有那些突然被迫離開家鄉、失去親人，隻身隨國民政府來台的榮民，生命中都隱含著早年失落經驗，悲傷成為化不開的生命風格。

扭曲的悲傷：有些人因為精神方面與人格方面的特殊狀況，使心理功能無法進行好的哀悼過程，或是出現表達上的困難。而失落的發生，同時被個體扭曲判斷為一些非現實的因素，或是被解釋為一些幻想、妄想的內容；此時的悲傷處理會更為困難，因為對於此一現象的個體而言，所感受到的失落可能為失去現實感，或扭曲了真實狀況。

偽裝的悲傷：偽裝的悲傷指的是個人強烈的認為「不能悲傷」所致。個體無法順利的接觸自己的悲傷或承認自己的悲傷，抑或在許多道德規範或教條的束縛下，不允許自己可以表達悲傷，在此情況下，個體會以一些反向動作來掩飾自己，例如想難過時就笑，或是拒絕被看到脆弱，就更顯出自己的堅強。一般表現會讓人體會不到他的情緒感受，或是呈現一種自己是不倒金剛的外在形象。主要用意都在於迴避接觸真實的悲傷。

延宕的悲傷：有一些悲傷在發生的當下並不能反應，或是在當下不知該如何反應。例如有些人在年紀很小時遭遇喪父或喪母，當時不知該如何反應，或是沒

於是，我可以
好好說再見

有足夠的訊息可以讓他感知到自己的悲傷，直到下一個重大失去來臨，才能充分體會過去的悲傷，徹底經驗悲傷的歷程。

多重失落的悲傷：多重失落的困難在於，因著這件重大失落，連帶著引發不同失落的發生，由於失落這麼多、這麼重，有時為了處理最棘手的失落所造成的問題，反而無法好好的面對最重大失落所帶來的悲傷。例如因著重要親人的過世，連帶造成居住環境的遷移，或是經濟上的失去，甚至其他親人關係的失落，也許為了因應其他生活條件的失落，個體必須趕忙應付，反而無法好好悼念逝去的親人，無法好好經驗悲傷的情懷。

未竟事物的悲傷：有些失落事件的發生，造成親人間無法抹滅的遺憾，並且心裡始終有所缺憾，永遠有句對不起或是謝謝沒有辦法說出口，永遠有件事情無法完成，永遠有個約定再也無法實現。這些無法完成的未竟事物，可能使人停頓在悲傷中，無法順利走下去，反覆做著某些彌補的儀式，卻一直無法確信是否已達成，也使悲傷的哀悼歷程遲遲無法得到完成。

創傷性的悲傷：創傷性的悲傷來自於創傷事件所造成的死亡。創傷性的死亡包括自殺、他殺、慘不忍睹的車禍空難、天災意外、溺斃墜樓，以及一些心血管疾病引發的突如其來死亡。無論是災難與其他非災難事件，當創傷事件導致創傷性死亡，這類死亡容易使遺族有「創傷」、「悲傷」及兩者交錯的性質。若只注意創傷未注意悲傷，或只注意悲傷未注意創傷，悲傷的因應可能就發生障礙。創傷最初的語言，不是理智的語言結構，是身體的、行為的或視覺的。無論受創者是否記得，受創者總是以無數的、無止境的、迂迴的方式，敘說其創傷的故事。這些行為的、視覺的與身體的片段，常侵擾受創者的生活，因此遭逢創傷的個人是以身體在記憶創傷，也記憶了創傷當下的情緒感受，但往往事件過程的記憶是片段的，甚至有空白的情況發生。創傷性事件所導致的失落與死亡常含有殘忍的記憶，回想常讓受創者感受到崩潰般的情緒，在欠缺協助的情況下，創傷的回憶難以統整到個體的生命線，形成連貫的生命故事，因此常演變成困難的悲傷型態，無法完成悲傷的適應。

需要謹慎的是，以上這些困難悲傷的型態，並非是要貼標籤在一些特殊情況的人身上，而是在於幫助我們瞭解——當悲傷無法順利表達，或不被允許悲傷時，人會歷經什麼樣的處境，而悲傷可能演變成什麼樣的型態。

其實，最重要的仍是：社會能夠給予悲傷一個合理的空間，也給遭遇失喪的個體與家庭合理的善待，容許他們的悲傷可以存在。

悲傷與性別

性別也是影響悲傷反應的一項因素。有些學者認為社會壓力會影響男性的悲傷經驗，而女性展現的焦慮與憂鬱比較強烈。雖然女性被容許表現哭泣及表達悲傷反應，且是有助益於釋放工作壓力，不過女性的悲傷一旦不被瞭解，就容易被視為脆弱或歇斯底里，這仍然可能對悲傷的哀悼造成阻礙。而男性面對悲傷反應，大都以憤怒與攻擊的情緒或行為來表現，這也是導致男性暴力或自殺率普遍高於女性的原因之一。

若提到性別因素，就不能忽視我們家庭與學校的性別教育，而社會所傳遞的性別塑造，或多或少也影響男女性在面對失落時會有的反應。男性可能傾向於解決問題，要顯現出有能力解決困難；女性則是比較傾向於能夠尋求環境的支持或情緒困擾協助。

悲傷與社會文化

悲傷該如何呈現？如何表達？不同的社會文化會有不同的容忍度與接受度。以歐美來說，他們的社會較能允許流淚，以擁抱來相互安慰，也會容許在公共空間表現哀悼逝者的行為。但也有一些比較保守或鄉村地區是不能談、不能表現哀悼與失落的。

但，是不是歐美就比較能接受人們可以悲傷，並尊重每個人的悲傷需求？我想倒也未必，因為西方國家多是資本主義掛帥的社會，加上個人英雄主義思維也深深影響他們的社會，西方社會能否接受人要與悲傷共同存在，不去企圖撇開與否認生命中的失落時刻？這還是有許多地區上的個別差異。

就台灣社會來說，恐怕也是。北部、中部、南部及東部，對悲傷的容許度及形塑的文化塑造也是有所差異的。其實台灣也是深受現代資本主義衝擊的國家，經濟的需求衝擊著每一個人，如果想要追求良好的經濟條件，就要夠拚、夠有競爭力。人們在努力競爭以求獲取更大利益、更多物質條件的情況下，慢慢的就會形成一些社會氛圍與看法，認

於是，我可以
好好說再見

為人是不能停的、停頓等於失敗、停下來等於退步，並從諸多經濟利益觀點在看待生命修復這回事。

人們普遍混淆了，以處理事物的態度來面對生命中的各種處境。所以，我也不斷經驗到愈來愈多人來詢問我：「如何快速又有效的擺平傷痛？」他們不要歷程，不要體會，不要感受，他們只求快快忘卻傷痛，或是撇開悲傷，像是從來沒有遭遇過一切的模樣。他們只想要和以前一樣，成功、快樂、亮麗光彩，他們不要看起來落寞、失敗、黯淡、不幸。

我相信現代可能有些治療學派宣稱他們可以符合這些人的需求，讓他們不苦不痛的回到生活軌道上。但我也很誠實的說，這不是我的信念，不是我對於「療癒」的態度。我欣賞日本女作家吉本芭娜娜和日本心理治療師河合隼雄在《原來如此的對話》談到「療癒」的一段對話：

吉本：「療癒」像是一把鋒利的雙刃劍，治療同時，負面情緒也會轟然降臨。當你放一些很舒服的音樂來聽，感覺心蕩神馳的時候，絕對不會因此就被醫治。那只是單純的放鬆而已。所以當自己的作品被說為「療癒系」時，突然覺得好氣餒。

河合：「感覺輕飄飄的，就因此得到治療」，一般人都有這樣強烈的錯覺，但真正的

「療癒」是要拚了命換來的。

「療癒」不會是不花力氣的，「療癒」不會是靠別人施行魔法，等著別人變把戲的，「療癒」不會是輕鬆愉快而且感覺輕飄飄的，「療癒」是來自於個體的投入與努力，願意為自己帶來健康的生命所付出的改變。

吉本和河合的這一段對話，或許也顯示了日本社會文化的一種氛圍——人們不願意花力氣來真正碰觸自己的傷痛，對自己的真實狀態是傾向於遠離，以表面化的輕鬆讓自己的感受被轉移掉。

我們的社會或許也正是如此，已走到無法與痛苦同在的狀態，無論是別人的痛苦，還是自己的痛苦。

強烈拒絕與否認痛苦的文化，當然也影響了對悲傷的容許度。從可以悲傷多久，到悲傷該如何表現，許多細節都可以看見我們的社會文化其實是求快解、求效率、求不要節外生枝、求立竿見影。

我到許多場合演講，希望能宣導社會悲傷文化的改造，許多民眾聽後跟我反映，這是他們從來不知道的事，他們過去也用了許多逼迫、勸說、要求的口吻，對於喪親者說些自以為是的安慰與關心話語。聽了我的演講後，他們才驚覺到，原來自己從來沒有思考過何以要這樣或那樣勸慰別人，好像就是沿用別人的說法，沿用傳統社會文化的習俗和規範。

人們不斷被要求符合社會規範，忽視內心真實的情感、隔離內在感受，如此下去，我們的社會又將失落什麼呢？

社會將失落了接納、溫暖、支持、關懷、尊重，也少了可以陪伴的能力。這些美好的關懷能力都在於情感流動，因為情感能真正的接觸下，才做得到所謂的關懷。但我們的社會偏偏最怕「情感接觸」，我們也許可以「分析情感」、「論述情感」，卻總是遠離感受情感，把情感視為問題與麻煩，不把情感視為一個人的生命重要部分，有意無意的藐視和輕蔑情感。

如果，社會持續把情感（情緒感受）視為麻煩之物，也把可以自然表達感情的人視為非禮之人，那麼社會對喪親者的悲慟會避而遠之，拒絕深入體會及同理。這也是社會至今仍是如此關懷喪親者：「節哀順變，人死不能復生」或是「不要哭，不要難過了，堅強點」等等千篇一律的慰詞。當然，這樣一來，我們的社會也將愈來愈多人沒有能力表達出關懷，愈來愈普遍不知道如何陪伴和安慰喪親者了。

【作業】

試著說說看對悲傷的新認識：認識、瞭解悲傷面貌、安在悲傷中

我知道何謂悲傷：

我知道歷經悲傷需要多久的時間：

我知道當一個人無法悲傷時，便可能使悲傷演變成困難的悲傷，包括：

於是，我可以
好好說再見

悲傷的表現與社會文化息息相關，一些社會文化可能阻礙人們表達悲傷，包括：

就現在的瞭解，我可以知道喪親者需要什麼樣的關懷：

性別也是影響悲傷表達的因素之一，我知道男女性在悲傷反應上可能會有些不同，像是：

當我們的心靈處於悲傷痛苦經歷時，就如我們身體罹患某種疾病，我們需要對自己面臨的疾病有所認識。從疾病的發生、疾病的原理、疾病的治癒方式，還有如何自我保健或照顧來控制疾病不致失控、惡化。

雖然喪親的悲慟不是疾病，但仍是一種人生的特別處境，也極具壓力。若是我們不明白自己的遭遇和經歷，缺乏悲傷的識能，不明白悲傷為何，又會形成怎樣的影響，我們就無從真正的瞭解，如何協助自己走過這一段特別艱難的時刻，也無從做些對自己修復和重建生活有幫助的活動。因此，透過悲傷素養（知識、情意和技能行為）的建立和瞭解，我們能產生力量和理解力，幫助自己往好的調適方向進行。

Section 12

憂鬱症與複雜性悲傷的評估

程禹的妻子在睡夢中過世，留下錯愕與茫然的程禹。睡覺前，妻子明明還跟他說著，十年的結婚紀念日要到了，想要安排去旅行的事。程禹還不確定公司是否允許他安排幾天的休假，沒想到，便再也沒有機會和妻子度過結婚紀念日。

而原本預定的歡樂假期，也意外變成了喪假。

程禹突然面對單身生活，一個人必須處理許多裡裡外外的狀況。他總是想著，要是妻子在就好了，這一切就不會這麼困難了。

他愈感受到對事物無法得心應手，便愈感到焦躁；他愈感到焦躁，便愈覺得自己真是糟糕透了，怎麼不能如以往冷靜理性的處理事務？

漸漸的，程禹發現自己愈來愈無法成眠，半夜可以明顯感受到自己的煩躁；有時，又感覺自己是悲哀的，好像做什麼都沒有意義了，人生已經失去可以一起同行的伴侶，好像沒有什麼事情值得再去經驗、再去追求了。程禹變得愈來愈沮喪，除了固定行程，程禹不再參與社交性的聚會。

程禹的行為表現，慢慢的讓同事與親人感覺不對勁，他們紛紛討論著程禹是不是罹患了憂鬱症，又該怎麼幫助他，讓他不要陷在痛苦憂鬱中。

許多喪親者，一與我見面就告訴我，醫師說他們有憂鬱症，並且他們或多或少都有接受治療，服用一些抗憂鬱劑或輔助睡眠的藥物。或許你也有這樣的懷疑，在漫長的喪親之路上，為何自己始終好不起來？

的確，強烈的生活壓力極有可能導致精神疾患的發作，但對摯親是意外猝死的人來說，不僅生活突然遭受改變而產生極大壓力，若無法順利完成悼念工作，悲傷的情緒與反應便極有可能發展成憂鬱症的疾病狀態。

以DSM-V（《精神疾病診斷準則手冊》）所描述的憂鬱症症狀來看，許多驟然失去摯親的人只要走進精神科門診，極有可能帶著「憂鬱症」的診斷走出診間，因為喪親和憂鬱的行為表現或主觀感覺是極為相似的，但若要細緻分辨，還是具有差異性。

但悲傷族群（遭遇各種重大失落，例如喪親、破產、天災破壞、重病或身體殘缺等情況），也可能因為先前已有憂鬱病史，重大失落與悲傷，將引發憂鬱症的發作；或悲傷歷程困難而停滯，遲遲無法調適紓解，導致身體承擔過大壓力，引發各種身心病症發生，包括憂鬱症、焦慮症、自律神經失調等疾病，這也是有可能的。

雖然重大失落後，悲傷調適歷程和各種需要經歷的情緒反應是屬於正常、可理解的，但每天並且維持不短（幾週到幾個月）的時間，幾乎無變化的持續性的胃口變差、睡不著、發呆、體重減輕、思緒愈來愈混亂、失去日常生活功能……仍需要留心，是否是憂鬱症的呈現，而不僅是悲傷的反應。

以憂鬱發作的診斷來看，必須符合「以下九項症狀至少為期兩週，並同時出現，且造成原先功能的改變」。特別是這九項的症狀中，一定包含下列兩項的其中一項：1憂鬱心情；感到悲傷、空虛與無助。2失去興趣或愉悅感，所有活動力降低。

在排除可明顯歸因的其他病況後，憂鬱症症狀包括：

3非節食而體重明顯下降或增加（一個月體重變化超過百分之五），幾乎每天食欲降低或增加。

4 幾乎每日失眠或嗜睡。

5 幾乎每日精神性激動或遲滯（可由他人觀察得到，非僅是主觀感受到不安或緩慢）。

6 幾乎每日疲倦或無精打采。

7 幾乎每日自我感到無價值感，或過分、不恰當的罪惡感（可達妄想程度）。

8 幾乎每日思考能力或專注力降低，或猶豫不決。

9 反覆想到死亡（不只是害怕自己死去）、反覆有自殺念頭而無具體計畫，或有過自殺舉動，或有具體自殺計畫。

另外，還必須符合以下準則陳述：

※此症狀造成臨床上顯著苦惱或社交、職業，或其他重要領域的功能減損。

※這些症狀無法歸因於某一物質或另一身體病況的生理效應。

至於重大失落的喪慟反應（Bereavement）是否引發憂鬱症發作，則需要小心考量，根據個人的病史及表達苦惱的文化常模作為判定。

憂鬱症的發作有其生物因素，意即腦內的神經傳導物質出現了違常、不平衡的狀況。

因此，藥物的效果在於發揮作用，將違常、不平衡的部分加以修正；但有些則是因為人

於是，我可以
好好說再見

際關係、壓力事件、心理因素與社會環境導致病症的發生，這時不是單靠藥物就能修復和重建的，還需要心理諮商與治療的運用，相輔相成，才是治癒精神方面及心理困擾的良方。

在悲傷的反應裡，一定會有憂鬱、空虛和無力；而在憂鬱症的病因裡，更可以蒐集到許多個體未解決的失落悲傷經歷。在我認為，悲傷的正常歷程及反應，若能得到充分同理、理解，並有足夠好的社會支持扶持和關懷，悲傷歷程會在幾週和幾個月後看見日漸適應後的重整。如果失落的對象和事件不致擊垮我們的身心強度，我們內建的自我架構雖然損傷卻不致坍塌，那麼人內在的復原力、生命韌性，會讓我們在艱困的情勢中，雖然緩慢，但能一點一滴的找到活下去的力量。

而憂鬱症的發作，則可能是在重大失落後的調適歷程，未能有妥善的照顧和資源，協助其面對生活的各項衝擊及壓力，尤其是失落的對象是生命中僅有的依戀關係、生活支持對象，那在失落之後，要面對重建生活秩序、尋求生活重心，並發展自我的生活照顧方式，就成了極艱難又巨大的壓力。長時間下來，慢性化的憂鬱症可能就悄悄發生了。

喪慟反應不等於病態

摯親猝死的喪親者，在生活與人生都遭受強烈破壞的情況下，要快樂起來並不是一件容易的事，也因為發生在自己身上的遭遇是一般人都不愛聽、不愛接觸、不愛理會的事，人際互動往往有其困難之處，因此遠離人群、遠離過去喜愛的事物，變成不得不的狀況。

喪親者需要對自己的身心狀況多多投注心力，留心覺察自己是否達到需要精神醫療專業人員的協助。而同時，社會對於喪親者（特別是摯親猝死的喪親者）的獨特反應與狀態，也需要建立心理相關專業的知能，小心分辨與提供特別的照顧，不能以慣例的「憂鬱症」治療方式來處理與協助，必須同時評估與判斷「創傷」帶來的衝擊及損害。

驟然失去摯親的喪親者，在沒有機會準備告別親人的情況下，面臨親人突如其來的死去，無法迅速恢復往常的生活功能是普遍情況。在極具壓力與重創的情況下，睡眠的失常亦是普遍之事，終日心情哀傷、流淚難過亦是常態之事。想隨著死者離去、對死者感到內疚自責懊悔、對未來沒有希望感、對生命無價值感，皆是生命遭受嚴重改變、嚴重失落會有的自然反應。

意外失去親人的人，情緒的確是又沉又重，這往往不只是需要藥物輔助，也需要一段時期的心理支持與療癒過程。

但我往往聽到的是，喪親者除了拿到藥物之外，並無獲得其他安排（例如心理治療、

於是，我可以
好好說再見

諮商、團體治療），即使安排參加類似憂鬱症的治療團體，因為喪親的主題和大多數憂鬱症患者的低自尊、對未來焦慮、工作不順利的主題相差甚遠，還是使他們的悲傷感覺很難得到紓解與理解。

這當然不能單方面認為是醫療環境的疏失與不足，畢竟在有更多嚴重、更具危機性的精神疾患這個前提下，喪親者的需要並不會得到特別的關注；無論是社會福利政策、衛生福利政策，甚至整體社會都會認為喪親是人生必然會遇到的狀況，既然是事實了，就應該自己勇敢面對、勇敢調適才對，怎需再特別動用預算，安排特別療程呢？

我遇過許多喪親者，無論是發生了三個月、五個月、八個月，或一年，只要被帶到精神科門診尋求治療，必定帶一個「憂鬱症患者」的名稱在身上，畢竟外顯和主觀上的症狀，有多項符合憂鬱症。問他們這樣的診斷有沒有幫助，他們會苦笑說：「有，可以拿些藥，吃藥後可以暫時感受不到痛苦……但藥效一過，痛苦的感覺就恢復了。」

當我告訴他們，在一年內有持續這些狀況（失眠或嗜睡、提不起興趣、哀傷、沒有希望感、吃不下飯、動作緩慢、對未來失去計畫……）是正常的悲傷反應狀態，而且有時在第二年會變得更為劇烈。他們對我的說法感到非常訝異，因為從來沒有人告訴他們，這些狀況是正常的。

我會再告訴他們：「你不一定要相信我，但你可以去認識一些和你有類似遭遇的喪親者，互相聽取彼此的經驗後，回頭檢視自己，然後再決定是不是要認為自己是異常、病態的。或者也想想，是否一個「憂鬱症」診斷，就真的能讓你得到適當的幫助和資源。」

後來有些人參加了自助團體，有些人參加了一些社福機構舉辦的情緒支持團體。他們認識也傾聽了和自己有相同語言頻道、類似情緒狀態、類似認知想法的人的經驗後，悲傷狀態明顯紓解了，再也不需要以「我有憂鬱症」來強化自己病態的形象與行為，好似自己永遠擺脫不了病態的標籤，一輩子都要與憂鬱症為伍。

心理諮商專業提供的協助

若生活和身心狀態都能維持以往，心理諮商相關專業還能提供什麼特別協助嗎？

當然還是需要的，喪親事件可能具有強大壓力，可能成為導致精神疾患發作的誘因，也可能導致生理功能出現症狀。再者，喪親者在得不到妥善心理支持、心理陪伴與各樣生活功能技巧的重建時，導致進一步的精神困擾或傷害事件，仍是具可能性的。

因此，提供良好的支持系統、擴充新的社會資源網絡、重新學習人際互動與人際溝通技巧、哀悼過去與逝去摯親的生活記憶、表達失落的悲傷情緒、重新建構生命意義，皆能協助喪親者在調適的過程裡，走得穩健、走得安全。

於是，我可以
好好說再見

喪親者自己則要對失落與悲傷反應有所認識，幫助自己瞭解何謂正常的悲傷。在正常的悲傷反應之外，自己是否有特殊情況發生？例如：正常的悲傷反應並不包括看見死者復生，或真的相信自己聽到死者說他沒離開、他和你在一起。這樣的現象有可能是產生了幻聽與幻覺，甚至妄想的重度憂鬱症狀或精神分裂症狀，這就亟需精神醫療的診治了，因這很可能會立即危及他人或自己的性命。

至於憂鬱與哀傷的情緒侵襲，因為很難避免掉，若需要藥物短期輔助，減輕痛苦感覺，也是有稍微紓解的效益。若沒有藥物輔助，那就必須發展一些可以減緩、處理憂鬱哀傷情緒的方法。但使用藥物要注意的是，要避免發展成藥物濫用或依賴，過度使用藥物來隔離感受自身情緒，以達逃避或壓抑情緒的目的。

其他相關的自我協助

運動其實是最具功效的。但喪親者一定會認為：我都提不起勁，不想動、不想外出了，哪還能做運動？

這時候，就需要給自己一些意志力維持規律的運動（或走動），從每日簡單的、短時間的運動做起，慢慢的、規律的做到複雜的、長時間的。例如先從簡單的爬樓梯、散步、短跑、伸展運動，到需要很多體能的爬山、游泳、健身操、舞蹈。每天至少維持一定要做到某件需要「動」的事。

在運動後，腦內會產生腦內啡，幫助人放鬆，有減緩憂鬱痛苦情緒的作用，不需靠藥品或酒精來麻痺神經，因此是被各界大量鼓勵的安頓情緒方法。一旦維持運動，人的新陳代謝功能也會較好，自然身體也會較輕盈與輕鬆，同時藉著身體的循環，也能有效幫助大腦的情緒流動，舒緩情緒沉重帶來的不適。

另外，也可以透過書寫或繪畫來處理憂鬱、悲傷情緒。創作是很好的發洩，同時是健康的昇華方式，很能促進價值感，並且充滿感受的右腦可以有所抒發、釋放情感的好途徑。當你用生命、用情感完成一幅作品或一篇文章時，生命的獨特價值也會獲得展現；若是這樣的作品獲得公開分享的機會，便會對你個人更具意義。我們可以看見古今中外許多名人都曾以創作來抒發悲傷、表達思念，無論是詩詞、歌曲或畫作。

找人說話也是一個處理的方法，但要找一個好的理解者。找到對的人，能理解的人，才不會因為頻率不通，要費力說明和解釋自己的情況和情緒脈絡，反而造成負面感受和效果。

若身旁沒有能理解與傾聽的人，打一些心理諮詢專線也是可行的。當然，如果可以找到一個和自己有類似經驗，又願意互相提供支持安慰的人，是最好不過的；但必須是兩

於是，我可以
好好說再見

人相互尊重彼此悲傷歷程的獨特性，給予支持與理解，而不是相互比較誰的悲傷較重、較苦，或強力要對方用自己的方式面對，強迫對方想開點，或要對方應該怎麼想。

有一些方法也被鼓勵，例如正念靜坐，內觀覺察自己的情緒起伏，只要覺察不要批判，讓自己只要觀照自己身心的變化即可，不強加「應該要如何」的念頭。或進行身心放鬆的瑜伽或冥想，也是一種讓身心平衡、恢復彈性的方法。有些人會在身心和經濟能力夠的情況，養寵物來陪伴自己，這些都可依個別的想法與意願，還有相關條件來做選擇。

最重要的是，要擁有一個包容自己、理解自己與呵護自己的心態，有了這樣的心懷，遇到再大的挫折與困難，都能給自己活下去的力量，給予生命正面的肯定，不再過度責難自己和否定自己。

創傷後壓力症的治療

對於驟然發生的死亡事件，若喪親者就在當場親眼目睹，甚至自己也經歷過相同程度的驚嚇、恐懼與傷害，發生「創傷後壓力症候群」的可能性就相當高。那是基於人生命受到威脅、損害等高度壓力下所產生的創傷經驗。

「創傷後壓力症」會產生一些狀況，像是感覺到創傷事件再度被體驗般，大多數可能出現症狀或反應：

1 反覆帶著痛苦讓回憶闖入心頭，包括影像、思想或知覺等方式。注意：在兒童，可能發生重複扮演表現此創傷主題或相關方面的遊戲。

2 可能反覆帶著痛苦夢見此事件。注意：在兒童可能為無法瞭解的惡夢。

3 彷彿此事件又再度發生的行動或感受。

4 暴露於象徵或類似創傷事件的內在或外在某相關情境時，感覺強烈心理痛苦。

5 暴露於象徵或類似創傷事件的內在或外在某相關情境時，感覺強烈生理反應。

也可能會逃避與此創傷事件有關的刺激，並有著一般反應性麻木，由以下狀況來顯示：

1 努力逃避與創傷有關的思想、感受，或談話。

2 努力逃避會引發創傷回憶的活動、地方和人們。

3 不能回想創傷事件的重要部分。

4 對重要活動顯著降低興趣或減少參與。

5 疏離的感受或與他人疏遠。

6 情感範圍局限。

7 對前途悲觀（如不能期待事業、婚姻、小孩，或正常壽命）。

並且有以下的行為與情緒反應：

1 難入睡，或難保持睡著。

2 易怒或爆發憤怒。

3 難保持專注。

4 過分警覺。

5 過度驚嚇反應。

以上情況，嚴重影響個人、社會、職業的傷害，並且產生重大痛苦，持續一個月。

若是發生創傷後壓力症候群現象，需身心醫療的幫助。除了藥物治療，心理談話治療過程也是必要的，因為個體在創傷後，身心皆受到很大的損害，要單靠自己僅剩的微小力量度過難熬的療癒過程，是辛苦的，這時若出現一個心理治療專業團隊的陪伴或協助，雖然不能立即猶如魔術般的挪走傷痛，卻是繼續往前走的重要資源與支持。

關注複雜性悲傷（complicated grief）

再者，則要留心注意悲傷是否不只是單純的流淚、悼念、思念與一段時間的適應就可被妥善照顧與處理的。這樣的情況，可能因為悲傷的形成並不僅僅因為失落而產生，還有許多困難與複雜的因素，使之處理的時間需要更長、更謹慎，裡面可能蘊藏著與死者多年來的糾葛關係、未解決的愛恨情仇、錯誤表達的情緒反應（過度反應或錯誤反應），和引發了困難的生命議題。

特別是創傷性悲傷的症狀和因悲傷引發的憂鬱症症狀，兩者是不同的。前者主要以尋找、思念、想死者想得出神、迴避反應等症狀為主；後者以無價值感、感覺動作遲滯、冷漠、憂鬱、無助情緒等憂鬱症狀，以及害怕、緊張、出汗等焦慮症狀為主。

複雜性悲傷（complicated grief）是一種強烈並長久持續的悲傷狀態，這種狀態接管了一個人的生活。有些人經歷死亡事件會經歷到極大的悲傷，這是自然的，但是複雜性悲傷不太一樣，複雜性悲傷接管了一個人心思狀態，而且呈現無法擺脫的情況，也就是深陷及膠著在悲傷的漩渦中。具有複雜性悲傷的人，他們會覺得無法動彈，什麼都做不了，徹徹底底的無法再重拾生活，彷彿時間被凍結在死亡發生的那瞬間，而他們的魂魄也好像魂飛魄散了。

學者 Neimeyer、Prigerson 和 Davies 等人，比擬《精神疾病診斷準則手冊》發展出複雜性悲傷的評估。如果有以下情況，複雜性悲傷與困難哀悼的可能性就相當高。

複雜性悲傷的評估（Neimeyer, Prigerson & Davies，二〇〇二）

準則A：因重要他人的死亡而產生的悲傷反應，有下列四項症狀中的三項，並每天發生或有明顯程度時：

1 關於死者，有入侵性的思緒。

2 殷切的思慕死者。

3 尋找死者。

4 自死者過世後，有過度的孤寂感。

準則B：對於死亡事件的反應，下列八項症狀中有四項，是每天都有或有明顯程度者：

1 對於未來沒有目的，也自覺無益。

2 主觀地感覺麻木，與世隔離或缺乏情感上的反應。

3對於死亡事實的認知有困難（無法相信這個事實）。

4覺得生活空虛、沒意義。

5覺得自己的一部分也跟著死了。

6整個世界都破碎了（失去了安全感、信任感與控制感）。

7模仿死者有害的行為或出現類似症狀。

8對於死亡事件表現得過度煩躁、痛苦與憤怒。

準則C：上述這些症狀至少維持六個月以上。

準則D：這些困擾在臨床上影響了社會、工作或其他重要生活領域，而造成功能不良。

以上的陳述，或多或少都會出現在喪親者身上，這些都是喪親者普遍經驗，因此衡量的重點在於發生的頻率與強度如何。這裡有滿嚴謹的頻率認定，就是「每天」，「明顯的程度」，並且造成「社會、工作與其他生活領域的功能不良」，並延續了「六個月」之久，都沒有舒緩的狀況。這時就需要心理治療的協助，因為恐怕處理的不只是喪親的悲傷而已，可能還包括著早期未處理完成的情感糾結，長期過度依賴所造成的難以分割，還有人格或精神狀態所造成的悲傷困難，以及社會文化對喪親者悲傷的漠視與過度施予壓力所造成的複雜情況。

另外，心理專業人士也可以考慮以量表的方式，協助測量及評估複雜性悲傷的程度。請參考由孫頌賢、徐藝溶、黃怡禎、林芮瑋、鄭玉蓮與陳心怡（二〇二一）翻譯並修訂的台灣版複雜創傷量表（CTI），原量表為Complex Trauma Inventory（Litvin, Kaminski, & Riggs，二〇一七），若想瞭解相關資訊，可前往網站：https://psychology.unt.edu/cti。

憂鬱、哀傷、不快樂其實是人生很大的一部分（古有云：人生不如意事十之八九），在生活中，我們的情緒本來就有高有低、有起有落。沒有人可以持續高漲，永不低落。低落，無論從生理或心理角度來看都是重要的，可能是一個沉澱，一個消退時的反應。正常的情況下，一個人低落數個小時至一兩天，會漸漸的調適回一個平衡狀態；然而，入侵式的情感性疾患，糟與壞的心情已經衝破一個安全界線，到了無法收拾的地步，失去了可自控範圍。復原的歷程便是要將情緒的掌控能力找回來，再次建立情感調節的機制。

現在，憂鬱症幾乎是人人都知道的精神疾病名詞。在醫界鼓動推廣下，許多人都被教育「憂鬱症就像感冒，要治療，治療就會好」的觀點。的確，有治療就會好轉。但如果你感冒過，你也會明白如果要避免感染流感，自我保健是重要的一環，多喝水、多運動、保持身心平衡、飲食正常、增加身體的免疫力。同樣的，情感、心靈若要健康，平常的自我保健也同樣重要。照顧自我的感受、理解自己的需要、覺察情緒、找到多個紓解的管道，都是平日心靈自我保健的方法。

「憂鬱症」這個名詞被放大關注，也被過度使用，幾乎人人口中都會說「我會不會是憂鬱症」、「我想我有憂鬱症」。當然，多一點疾病訊息，評估自己的狀態或藉此調整自己思想行為是好的，但若只是嘴上掛著「我有憂鬱症」、「我想我是憂鬱症」，卻無調整自己身心狀況的動力，也無動機改變讓人生病的生活模式，那麼憂鬱症這疾病名詞只是讓人更加的無力與無能，並無法真的改變什麼，也無法讓人離健康的生活近一點。

若我們真的在乎憂鬱搗毀我們的人生，也害怕憂鬱襲擊我們的心靈意志，關照自己是不二法門。學習理解自己的情緒發生機制，也學習表達情緒與處理情緒，都比只告訴自己與別人「我是憂鬱症」來得更有能量、更有希望和建設性。

於是，我可以
好好說再見

【作業】

檢視自己是悲傷，或是憂鬱

悲傷不必然會發展成憂鬱症，或許會有憂鬱的時候，絲毫感受不到生命的喜樂與活力，但不表示這就是罹患了憂鬱症。

有一些簡易的方法，可以初步分辨自己是處於悲傷或是處在憂鬱狀態。或許你可以依此先做初步檢視，評估自己是處在悲傷狀態多，或是處於憂鬱狀態多。當悲傷狀態多的時候，表示你需要充分哀悼的歷程，而憂鬱狀態多的時候，則需要提高對憂鬱症狀的敏感度，盡速就醫或安排心理諮商，以避免付出更大的代價和成本。

處於悲傷狀態（評估以下是否是自己常出現的狀態）

□我常常思念逝去的親人，常常想起我們兩個共有的回憶。
□我好希望他不要離開我，我希望這一切不是真的。
□我好想再見他一面，告訴他，我好愛他。
□我常想起自己是不是再多做一點什麼，他就不會離開？
□沒有他的日子，好難熬，如果他在我身邊就好了。

□我常想起自己過去來不及對他好一些，如果可以，我希望可以彌補一切。
□他的影像總是浮現在我腦海，只要我閉上眼睛，他就浮現出來。
□失去他，讓我人生變得好茫然，我不知道現在為何而活。

處於憂鬱狀態（評估以下是否是自己常出現的狀態）
□我好糟糕，現在的處境讓我覺得好狼狽，好沒用。
□我覺得自己一無是處，沒有人在乎我、關心我。
□我常感覺自己好失敗，有被打敗的感覺。
□我好想哭，這世界都沒人在乎我，我好孤單。
□我覺得自己在世上活著是多餘的。
□我覺得我做什麼事都不會有什麼改變，情況就是這麼糟。
□我的人生只有苦悶，根本不值得活下去。
□我常有被命運作弄的感覺，什麼壞事都讓我遇到了。

辨識這當中的差異。若你處於悲傷中，你的主述和感受都會傾向是「哀悼那已離去的重要他人」。倘若是憂鬱症，你的主述和感受大都會浮現「否定及懷疑自己存在的價值，並充滿無望感」。

複雜性悲傷是社會普遍不瞭解的悲傷狀態，有時它也涵蓋了複雜性創傷的成分，來自幼年過早體會和承受到失落、分離、遺棄、虐待、疏忽等等安全與愛的破壞。

過往早期的複雜性創傷和失落未癒，甚至可能無從辨識及覺察出影響，在後來成年期，當再遇到失落及喪慟經歷時，其侵擾性的傷害超過個體可以承受及調適的，這也就形成了複雜性悲傷的情況。

同時，也不能撇除社會文化剝奪悲傷的因素，讓悲傷的哀悼與調適有了層層阻礙，讓個體無力於沒有支持及資源來表達哀悼及完成悲傷，讓內心凍結在失落的時空裡，無法恢復和治癒。

Section 13

新人際關係的建立

一位喪偶的婦女向我說到一段經歷。在她喪偶之後，經濟陷入不穩定狀態，孩子的大學學費必須申請助學貸款來度過難關。她帶著孩子到銀行辦理助學貸款，由於是第一次辦理，她不知道需要父母雙方都到才能進行。當她和孩子被叫到號碼走到櫃檯前時，銀行櫃檯人員大聲問著：「怎麼只有媽媽來？爸爸呢？爸爸呢？」

這位婦女剛喪夫不久，從來沒有在大眾場所中大聲暴露過自己是個沒有丈夫的女性，因此她困窘得不知如何回答，又感覺受了傷，只能任著銀行櫃檯人員急切的聲聲詢問：

「妳先生呢？他要來才能辦，他在哪裡？叫他來呀！」

女兒小聲低調的回答：「爸爸走了……」

銀行人員聽了，聲音更大聲：「走了？叫他回來呀！快叫他回來啊！不然不能辦。」

女兒只好把話講得明白點：「他過世了……」

這下，銀行人員終於回神過來，明白「走了」的另一層含意。

也許，很多人會認為「過世了」有什麼說不出口？沒有爸爸了、沒有先生了、沒有孩子了，有什麼說不出口？但對於一位剛經歷失喪痛楚的喪親者而言，必然要歷經一段說不出口的日子；一來是因為不知道該以什麼樣的態度、語氣、說法來說明這樣的情況；二來是他也還未適應自己失落的身分，未適應社會文化對喪親者的眼光與態度。當自我還沒決定好如何表達與面對時，便會為難於如何回答外在的疑問與反應。

學習面對陌生的經驗

這種身分的失落，亦是一種新的、從未有過的經驗。從未有過的陌生經驗，自然需要一段時間的摸索，也需要一段時間的學習；我們不需要為此感覺羞恥，也不需認為自己真是問題很大，竟然無法立刻習慣或適應新的身分。

何謂新的身分？

從成為一個新的戶長，到一個「鰥寡」的稱謂，再到一個單親家庭、單親子女的社會稱呼，在在都逼迫人得習慣自己就是「失去原有身分」的人。

一位喪偶女性告訴我，丈夫在世時，她是經理太太，到社交場合，大家都如此稱呼她，並且樂於招呼她，但丈夫突然心肌梗塞過世後，她再也不是經理太太，也失去了社交場合，更失去了曾有過的尊敬與照顧。她甚至不知道不是經理太太後，自己究竟是誰。當過去那些光環、好的生活條件不復存在，她懷疑自己從此就將被看輕與恥笑了。

當一個人失去重要他人之時，常常也失去了許多身分與熟悉的感覺，取而代之的是，面對未來不知所措的陌生感和窘困感，也因此產生自我身分上的衝突及懷疑。

另一個女性也對我說出這樣的窘境。她說，一直以來，丈夫是她與女兒的重要靠山，過去不管發生什麼事，無論是生活的事或是事業上的事，總有丈夫處理、丈夫承擔下來；從嫁給丈夫之後，她的日子單純而悠哉。她幾乎不需要擔心些什麼，因為她丈夫總會說：「我會處理，妳放心。」

於是，我可以
好好說再見

但丈夫的驟然過世，她經驗到前所未有的不安全感與恐懼，與丈夫工作起衝突的人紛紛找上門。她被強迫要料理丈夫遺留的事業，而那些人知道她沒有了丈夫，不僅沒有協助與關心，反而趁她還搞不清楚時，對她使盡恐嚇威脅之能事。她講到這一段恐慌的日子，仍是發抖著，臉上滿是驚嚇的神情與止不住的淚水。後來，她刻意在家門口繼續放著丈夫的鞋，每次有人按門鈴，就學男人粗獷的聲音，她說她不想讓人發現這家沒有男主人、這家沒有人保護。

這種驚嚇與恐慌的感覺亦是陌生經驗所引發的情緒感受，這會讓人活在一種很辛苦的狀態，但無奈的是，它是必經之路，必要走過的過程。因為，一切的陌生經驗之所以讓人不知所措，便在於它尚未被建立經驗與模式。如果要順利度過這陌生感受的折磨，就需要累積經驗。知道當發生這些情況時，我該如何處理，又能如何處理。

因此，在發生死亡事件後的一兩年，喪親者需要學習如何陳述自己的身分、自己家庭改變後的狀況及自己的遭遇。在不斷陳述之中，慢慢拿捏語句：如何說，又要說到哪裡。在驟然喪親事件剛發生不久時，可能是一種無法說的狀態，還無法接受與相信這一切是真的發生在自己身上，甚至有類似話題或詢問時，會像驚弓之鳥一樣激動、恐慌，希望別人不要提、不要問，因為自己還不能像說故事一樣把自己的遭遇說出來、說清楚。但慢慢的，藉著一次一次的經驗累積，與不同對象的互動結果，最後會摸索出一個自己最安然與適切的表達——不需刻意隱瞞，不需刻意迴避，也不需刻意交代或解釋。

新人際關係建立的時機

另一個會出現在喪偶單身者生命的議題是：我要不要接受一個新的人進入我的生命裡？

我常被喪偶者諮詢這樣的問題：「內心寂寞孤單時怎麼度過？」「我是不是、該不該再找一個人交往，或是結婚？」若是失去孩子的，也會想趕快再有下一個，是不是就不會這麼難受？

的確，「再有一個」是個方法，但轉移注意力不代表不會遇到新的衝突與困難。

雖然再找一個人交往或結婚，可暫時轉移掉些許孤單感覺，但不代表兩人關係不會遇到新的議題與挑戰，而且這新的關係由於前一段關係尚未解決的感受太多，很容易會在無形中感覺是「三人關係」的狀態。若是以為只要擁有「另一個」就能填補失去的「這一個」，往往不只原有的孤單與悲傷不會消融，反而會經歷更大的挫敗與更多重的失落，例如期待的失落、新的關係再度失落、想要恢復原有生活狀態的失落、以為從此就會快樂起來的失落、以為不會再孤單的失落……

於是，我可以
好好說再見

我認為，當在討論「是不是再擁有一個」的議題，與關注孤單情緒的需求怎麼處理時，重點不在於「我該不該……」，而是在於「我是否準備好了……」。

我們需要評估：

我是否準備好面對新的一個人進入我的生命？
我是否準備好面對新的關係狀態？
我是否有足夠關懷自己與他人的能力？
我是否能辨別新的關係與新的生命，不是為了延續過去我眷戀的關係模式？
我是否不會把對過去關係未解決的失落情緒轉移到新的關係上？
我是否能夠面對失落，當新的關係可能也會帶來分離時？

這些評估的重要在於我相信每一個人都是獨特個體，有著獨一的特質個性、喜惡感受、價值信念、風俗習慣，沒有人可以完全的成為另一個人的角色或模樣。當我們忽視一個人的獨特，我們也忽視他擁有做自己的權利。這時候，新的關係與新的對象很容易淪落為「工具」，填補生活不足的工具、照顧生活的工具、提供依賴的工具，而不是一段雙方站在平等位置，相互付出、關懷與珍惜的關係。

當然，我們也不需要因為人生曾經遭遇失落，而害怕、恐懼，並堅決認為不再需要另一段關係，不再需要一個情感的寄託，不再需要感受人世的愛與熱情。

它不是一種「該或不該」的教條，而是「我準備好了嗎？」、「我願意了嗎？」、「我可以了嗎？」的心理探索過程。

這當中，有許多的反思、覺察與體會，以及肯為自己的生命負起責任的魄力及毅力，而不是要人為我生命的孤單與無助負起責任。我見過一些例子，當被失落的情緒淹沒時，因為痛苦與無助的感受太龐大，而拚命的想找人依靠，立即取暖，但真的找到人靠在一起後，卻因為沒有心理準備面對兩人關係的建立與變化，而衍生許多複雜難解的衝突，讓他們必須面對恨不得擺脫卻又擺脫不了的痛苦與後悔。

在喪親之後，一步一步的走過悲傷歷程，自然而然會經驗到新的人際互動經驗，因為對你而言，生命已有些許不同，你無法再假裝一切沒改變，或是以為這一切對你沒影響，你必然會有身分的演變、人際網絡的遷移，與新關係的建立。你需要學些新的人際互動技能，包括表達自己，讓幫助你的人瞭解你的狀態，特別是有些時候，舊有的人際關係並不能為你帶來幫助與關懷，建立新且好的人際關係是勢在必行的，因為唯有為自己打開更多的生命資源，建立新的支持系統，我們才能在這一條困難的路途中，獲得些許勇氣與力量，繼續面對不易行走的人生路。

於是，我可以
好好說再見

如果守著舊有的關係，但舊有的關係卻再也無法提供支持與關照。無疑的，繼續死守著，只會把自己推向孤立無援的境界，並且也是一種漠視自己需要的表現。

嘗試建立新關係，當然會是個冒險，因為你無法掌握所遇到的人都是友善的，或是你無法確信可以遇到聽得懂你心裡話的人；投注更多的觀察與分辨，如何找到好的人、適當的人也是一門學問。若你有幸遇著，真是一件值得慶幸與喜悅的事，這個人能懂得你目前的處境，可以感受你目前的情緒狀態，可以懂得尊重你與為你打氣，可以看見你在過程中不容易承受的部分，可以回饋你，與你分享。這樣的一個人，便是值得你建立的新人際關係。

【作業】

我願意，並且嘗試建立新的人際關係

請回顧喪親歷程之後，在生活中所嘗試建立的新人際關係，也許有些熟識了，也許剛認識尚未熟稔，無論狀態是什麼，在你進入新的生活世界時，你認識了這些人，這些人曾在某一個時刻幫助你、安慰你或支持你：

新的友情、新的關懷、新的支持……

1

2

3

4

如果你要自評或自我瞭解是否悲傷的調適歷程有所進展，是否走在療癒的方向，那麼一個評估點在於，你是否能再度和外在世界接軌、和人際連結？並且能感受到雖然歷經失落和喪慟，但你仍有能力和力量回到世界繼續建立你的生活？能建立友善及信任的新關係、能相信社會的制度和環境、能再度感受內在的安全感和平穩感？

若是拒絕世界、迴避社會，或許是受傷時期一段時間會經歷的，但當傷口漸漸癒合、體能漸漸好轉、心理漸漸平靜，你會知道你仍要在這世上活出你的生命經驗，編寫及創造你的生命意義。

Section 14

建構一個好的意義

文豐的女兒詠馨因為腦中長瘤的關係，在不知情的情況下突然腦瘤破裂而驟逝。對文豐來說，這一切太不可思議，也太難以置信。

二十歲的女兒，青春年華就此終止，美麗與美好的生命從此消失，文豐說什麼也無法接受。特別是，他和妻子就只有這麼一個女兒，他們疼愛至極，還想見到女兒所愛的男孩，還想見到屬於女兒的綺麗未來，怎料老天開了一個大玩笑，不說一聲，就收回了女兒的生命，讓他們不得不白髮人送黑髮人。

文豐不明白，為什麼要承受這一切，為什麼不是拿走他的生命，而是拿走女兒的生命？為什麼他們走到人生的後半輩子，卻要承受這種椎心之痛？

失落有什麼意義？

改變，總讓人畏懼；失喪，更讓人驚恐。我們都不想人生變得如此不堪與無助，我們好希望回到以前的生活，永遠不要和我們所愛的親人分離，永遠不要失去任何所珍愛的，但為什麼人生就是不得不經歷這種驟變與痛苦呢？

「喪親真是百害而無一利的事，一點也找不到好處。這種改變只帶來傷害、帶來破滅、帶來沮喪與風暴，有什麼正面意義可言呢？」我相信這是避免不了的疑惑，也是對生命不仁所提出的最大質疑。

但我仍然相信，失去的另一面，是獲得。當然，在我們還不知如何處理失落帶來的創傷與悲痛時，是體會不到有所獲得的地方，眼中只會看見被破壞、被剝奪、被傷害之處，因為生活滿是因為死亡事件所造成的挫折與困難。然而世界是如此的：好與壞、黑與白、失落與獲得、快樂與悲傷都是共存的，沒有哪一件事、哪一個結果是絕對的。

若有絕對的好、絕對的壞，恐怕也是人選擇刻意抹滅、刻意粉飾而強加的評價罷了。

「我知道要把握時間去做有意義的事」、「我可以自由的安排生活」、「我可以善用獨處的時間」、「我可以做一些過去沒機會做的事」、「我不用再擔心另一個人的臉色與看法」、「我有機會認識一些新的朋友」、「我學會坐公車」、「我學會該怎麼認路」、「我學會如何修理馬桶與電燈」、「我更懂得珍惜生命」、「我明白生命裡沒有理所當然的事」、「我知道一切都是無常，只有把握當下，體會愛與被愛」……

各種失落後的獲得、失落後重新習得的堅韌，會在你願意看見自己和以往有不同的成長後，一點一滴湧現，即使是再微小不過的改變，都是大突破。我們要看見：失落中的獲得，是一種珍貴的力量，也是一份了不起的能力；也要因為這小小的看見，讓我們有機會去覺察，失喪後的生活不盡然只帶來壞處，也可能有好處。

這好處不是一般人價值中的好處，這好處是一種了悟生命，更懂得生命為何的好處。要明白箇中奧妙，體會這些失落帶給生命的好處，是一件不容易的事，這常常是用淚水與心痛換來的。而探尋出一個好的意義，更不是唾手可得的事，這也是需要足夠的時間與反覆思索、反覆領會後才可獲得的。

不可否認的，許多人在歷經失去所愛的親人之後，所承擔的痛苦與磨難是沉重與龐大的。因為苦痛是這麼的難捱，若承受苦痛成為沒有意義，或是全然是壞意義的事，那麼承擔起來，就會讓人又怨又恨、痛不欲生。當然，誰都不願意承受我們不想要，也不是

於是，我可以
好好說再見

我們願意接受的磨難，對於那預料之外，又降臨在我們身上的苦難，除了怨嘆天地不仁不義、世間太多險惡，我們又能做些什麼呢？

這是許多人的無奈之處，只好被迫的順應，或是消極的認命。

意義治療大師生命體驗的啟示

說一段意義治療大師法蘭克（Viktor Frankl）的故事。法蘭克是猶太人，在德國納粹的時代，法蘭克與家人，和無數的猶太家庭一樣，都被抓進集中營，開始暗無天日的囚禁生活，而且過著被虐待的日子，甚至不斷耳聞哪些人又被毒害的消息。在那些恐怖驚駭的日子裡，法蘭克的親人，包括他的妻子也都難以倖免的慘死。有些人因為終日聽見悲慘消息，又恐懼自己會是下一個被處死的人，雖未被處死卻由於失去生命意志而提早身亡。

法蘭克在回憶這段過程時，仍可以感受到自己強烈的痛楚與對親人無盡的思念。當他述說到自己何以能在惡劣的處境中，又在痛失親人的情況下倖存下來，答案是：「我要活著，見證這一切，告訴世人納粹的惡行。」

這並非要人在失去親人的當下，強加意義於事件之上，硬是強迫自己接受壞事其實是好事。也許透過法蘭克的親身經歷，我們發現，所謂探尋意義不在於給予事件什麼正向意義，而是給自己何以活著（倖存下來）一個好的意義。

因為意外慘死，或是太悲愴的失喪，事件本身確確實實充滿了傷害與傷痛，這不能否認或掩飾，但我們可以探尋的是，何以在這麼惡劣的處境下，在歷經這麼慘痛的失落後，我們的性命還是存在著？我們憑藉著什麼信念與動力，願意讓自己的生命還存在著？

再來說法蘭克的另一段小故事。

法蘭克在納粹瓦解，獲得釋放之後，慢慢的發展意義治療的理論與技術，也開始到各地演講，推動意義治療。有一回，一位喪偶的老年男性來尋求法蘭克的協助，因為他在喪偶之後，難以適應失落、面對悲傷，並尋求許多醫師的協助未果，耳聞法蘭克醫師盛名而來求診。

法蘭克在聽聞老先生的失落與悲傷之後，詢問了老先生，若是現在過世的人是他本人，而留存在世上的是他的妻子，他猜想他的妻子會如何，過著什麼樣的生活。

老先生聽後，立刻搖頭說：「那可不行。若是她獨留在這世上，一定過得比我還糟，她沒有我在她身邊不行。如果我不在了，她該怎麼辦？」

法蘭克隨即回應老先生：「這就是何以你現在在這裡受苦的原因。」

老先生不明白。

於是，我可以好好說再見

法蘭克繼續說：「你為你的妻子承擔了這份苦。若是情況調換，你知道她會過著多痛苦的日子。為了愛，你獨自承受下來。」

老先生聽後，突然領會了自己的受苦是有意義的，因此向法蘭克道謝，並且願意承擔住痛苦。這一切，是出於愛。

畢竟，我們的民情不同，而且我們不是這麼善於講愛的民族，也不是很懂愛的社會（真正的愛，不是勒索、控制與依賴）。愛，在西方世界裡，是一份奉獻、犧牲與成全。對於他們來說，因為愛的緣故，他們可以承擔住痛苦，而不是怪罪他人害自己受苦。

當然，在助人工作的生涯裡，我還是可以看見充滿愛的故事，但那確實不是普遍的現象。

失落之後，你何以存活？

也許一樣的對話放在我們的社會脈絡下，可能完全不具有療癒性；也許也不會依照著法蘭克與老先生的對話過程這樣的呈現，但我們還是可以學習到一件事：為你遭遇苦難後的生命，尋找到一個你願意承受，對你而言是好的意義和說法。

何以你願意承擔這份苦難？

何以你接受生命的確發生過這樣殘忍的遭遇？

何以你願意繼續過著你的人生？

你是怎麼熬過來的？又怎麼相信你可以熬過來？

這些全是意義。

如果，你的心中浮出一個對你而言是重要且好的意義時，不要忽略它與錯過它。這是你生命中的寶貴力量，也是你走在漫長、難捱的悲傷歷程中，不可或缺的支持。

也許對我們而言，我們不一定能分辨什麼是好的意義，什麼又是壞的意義，但我相信一件事——好的意義能帶來力量與滋養，讓我們的生命可以繼續走下去；而壞的意義卻是消滅我們的生命力，並且讓我們活著地重複著漫無天日的受苦，反覆的歷經折磨，像是永無止境的罪刑，終將讓我們消極的虛度人生。

我在歷經失去摯親之後，歷經人生的失控與全然的失喪之後，度過了好幾年反覆受苦的日子。我從來不知道自己憑藉什麼倖存下來，好像日子就是一天過一天，生命像是沒有意義的磨難。

於是，我可以
好好說再見

但在我領悟我倖存的生命可以為世間帶來良善與關愛，也可以協助社會理解一些很難被接受的處境後，我突然領悟，我似乎也有如法蘭克一樣的見證者心情。我也想見證遭逢失喪的家庭與孩子要如何堅持與奮鬥，才得以存活下來。

當然，一個好的意義是見仁見智的，我們無法追求普同性，一定認同別人的意義，或是要別人認同我們的意義。意義，之所以為意義，便是個人獨特的生命歷程與社會文化脈絡的交互影響。

需要再多點提醒的是，我們探尋屬於自己可接受也受益的意義，卻不勉強別人接受我們所認定的意義。

尊重每個人賦予的不同意義

許多宗教的教義或許都提供人面對苦難的意義。過往，我聽過許多的教徒向喪親者傳遞許多的意義，何以要面對苦難噩耗，何以人會突然的消逝，何以人生有苦厄，不同的宗教都有屬於該教義之下的不同闡釋。

但一個好的意義，對當事人有幫助的意義，或有療癒性的意義，是需要透過當事人探尋與思索整理的，而非旁人強加的。若強加，就變成了說服與權威式的指教，不容許人們有任何的疑惑與追尋理解的過程。

我最愛以《聖經．約伯記》作為例子，也許對你而言並不熟悉，但這是一篇很具智慧的《聖經》故事，描述著約伯遭遇到沒來由的苦難，在百思不解自己何以面對噩耗的過程中，周遭人所表現出的態度與言行。有許多自以為是的意義強加解釋了約伯的遭遇，這對約伯而言是更多的傷害與痛心。到最終，約伯仍是尋求到屬於他的好意義。在好意義中，領會神的存在與生命的奧祕。

好的意義是需要時間探尋的，好的意義的探尋是需要足夠的自由空間加以沉澱、好好靜思的。若環境仍充斥著人們喧譁的語言與聲音，好的意義是無法貼近個人生命的。

如果，你願意探尋這一份好的意義，你可以透過自我對話，與生命對話慢慢的摸索。不求快，而是相信自己的內在智慧與靈性，可以為你開啟生命想要你領會的奧祕和真義。

【作業】

回看失落在生命中的意義，與生命在遭遇失落後，可以活下來的意義

如果此失落為你的生命揭示了某些重要意義或開啟了智慧，那會是什麼？

你走過了人生的特殊景色，體會到了不同的人生況味，這些構成了你獨特的生命故事；在你的故事中，什麼是你重要的體會，使你更明白了「人生」？

你好不容易熬過這個苦痛，也很不容易熬過這個歷程。如果你可以分享這個歷程裡的重要心境與心得，那會是什麼？是什麼讓你願意倖存

下來，繼續活在你的人生中？

人生的各種經驗，本身並不具備意義，而是由人的意識和理解去建構出意義的。動物無法建構意義，即使動物亦有自己的靈性，但人類是萬物之靈，其智慧的啟發和領悟仍是萬物之首。因此，對你而言，所經驗的失落與苦痛，要為自己的人生建構什麼樣的意義，仍是取決於你的意識和先備條件。

好的意義能讓我們內心充滿溫暖與力量，壞的意義可能讓我們置身地獄及殘暴中。若是你相信世界有愛、宇宙是愛，那麼你會建構出屬於你的信念的意義，讓自己穿越痛苦，以勇氣重生。

Section 15

給關懷喪親者的人——與悲傷的人同在

余玲的好友惠菁近日遭逢喪母，在喪母過後，余玲發現惠菁仍不間斷的提及自己過去和母親之間的矛盾感情，特別是惠菁早年喪父，幾乎全由母親一手照顧長大，因此母親為了應付家中許多開銷，努力工作、拚命兼職，還支持惠菁出國完成學業，可是母親也成為最讓惠菁痛苦的人。惠菁多多少少感受得到母親對自己的期待，母親對任何事皆有要求。自有記憶以來，母親就不斷告訴惠菁：「孩子，妳要比我更強，這樣才不會被打倒。」

當母親因乳癌過世後，惠菁突然慌起來。過去，她一直為母親努力，一直希望得到母親的肯定與愛，所以沒有任何的自我主張，即使出現過，也強壓了下來，豈知直到母親嚥下生命最後一口氣時，都未曾說過一句：「我愛妳，孩子。」也不曾告訴惠菁，她看見了女兒的努力。

惠菁對母親的愛恨恩怨在母親過世後變得異常鮮明，無法再如過去的忽視或壓抑，可是面對這麼龐大的情緒負荷，惠菁也慌了，該怎麼辦呢？在母親過世後，還有對母親的強烈憤恨與恐懼，是不是很不孝呢？是不是自己真的是差勁的人呢？惠菁不知道該怎麼看待自己。她求助於余玲，希望余玲可以幫助她面對充滿恐懼與不安的過程。

但余玲其實也很慌，她想告訴惠菁不要再困擾自己了，母親都已經過世了，不管過去如何，都忘了吧！畢竟，好好過著接下來的生活比較重要。

但惠菁似乎聽不下去，無法就此不再回顧過往和母親互動的種種。漸漸的，余玲聽到電話聲就害怕，也想逃避，不要接起電話，但一想到惠菁只剩下一個人孤零零，就拗不過自己的良心，覺得不應該在此刻拋下惠菁。漸漸的，余玲想要關懷卻覺得無力，偶爾又懷疑自己究竟做得對不對，說得對不對，以及為什麼惠菁看起來還是不太好，好像都沒有進展。

於是，我可以
好好說再見

怎麼給安慰？

當親友失去了一位重要的人，要怎麼安慰他們？安慰這個字的英文是「comfort」，動詞可解釋作安慰、使舒適、鼓舞與放鬆。若是以形容詞「comfortable」來說，有舒適的、舒服的、愉快的意思。

這真是一個很美妙的字，它將苦難中人與人互動的心靈感覺表達了出來。若是你的痛苦悲傷心靈，在與人互動的過程中感到舒適、感受到鼓舞而得到暫且的放鬆，正是因為你得到了安慰。

為什麼一開始便提到這個字的意涵？那是因為現代人安慰他人的能力愈來愈薄弱。本是出於好意的安慰，在不經意中，可能演變成一種傷害、壓迫的困境。人們在傳遞安慰或是接收安慰的歷程中，並未感受到心靈的靠近，反而感受到束縛與沉悶的氣氛，讓人想快點結束悲苦憂傷的談話過程。

面對死亡，更是讓人不知從何安慰起。死亡事件往往伴隨驚駭、恐慌與痛苦的情緒。若要安慰一位失去摯愛的人，安慰者不可能不感同身受，也不可能不觸碰過程中的傷痛與哀戚。

一個家庭失去一位家人，將面臨崩裂與重組。相同的，一個人失去一個重要他人，生活也會面臨崩裂與重組。這是正常的過程，但並不是容易的過程，它包含了有形與無形的重建，從家庭功能的重建、家庭生活次序的重建，到心靈能再感受平靜與安然的重建；不需再擔心死亡的威脅，也不需迴避想念死去的親人。

當死亡事件變成一種生命歷練，幫助我們去經驗與理解人生，那它的傷害也就結束了。

身為喪親者的親友，我們所傳遞的安慰是重要的。死亡雖是不可抗拒的破壞，但溫暖與支持的安慰，會為喪親者的生活持續注入力量，有了重建生命的勇氣。

同理心是安慰的根本

安慰，是為了使人減輕痛苦而非增加痛苦，所以需要一些心理預備與技巧。然而，最重要的莫過於心（認知意念），這會反映在態度上；態度則會影響行為，行為將影響安慰的效果。

安慰喪親者合宜的態度，就是我們常聽到的「同理心」。也就是感其所感、知其所感。《聖經》上有句很美的話：「與哀哭的人同哀哭。」就闡釋了此一內涵。要與哀哭的人同哀哭，看起來似乎簡單，但真的能在安慰的當下表達出來，卻是相當困難的。

而最大的困難是，我們無法與悲傷的人「同在」；同在一種情境中，同在一種感受裡，同在承擔一份壓力。

因為人往往懼怕沉重的心理壓力，又恐懼會被沉重且痛苦的情緒淹沒，再加上將「悲傷」、「消極」和「怨天尤人」劃上等號，我們總以為安慰便是立即消除喪親者悲傷的念頭與感覺。我們會試著要他們別再多想、不要難過、要往前看、別再回顧來作為調適的方法；許多時候，也會勸喪親者趕緊忘記死去的重要之人，趕快面對現實，過新的生活。

這些安慰好似有理，卻不一定是喪親者的心理需求，因為喪親者的情感面並未獲得適當的紓解，也未獲得足夠的時間來悼念所逝去的，更別說是重整了。而那些勸慰，與其說是安慰，不如說是要求與期待，以及一些強迫性的指導。

在工作中，我所服務的對象有許多是喪親者。他們告訴我，喪失親人的痛與來不及處理的遺憾與悲傷（unfinished business），常無人可訴說。別人似乎無法理解那種椎心之痛，只能在夜半時、獨處時，暗自落淚與思念。

悲傷治療大師沃爾頓在他的學說裡強調「沒有人能杜絕悲傷，除非他沒有愛」，這是喪親者需要經過的悲傷調適歷程。外人往往很難體察這種「失去」對喪親者產生的生活變化是何其大，但對喪親者來說，即便是吃頓晚餐，看見今後餐桌旁原先有人坐的位置都將空缺著，心裡的失落感與沉痛恐怕是不易對他人提起的個別性感受與經驗。

好的安慰者要能洞悉這一切：能敏感體會喪親者的情緒反應，又能看出喪親者正走在哪一段歷程，有著什麼樣的需求。安慰者不僅要能理解喪親者的需要，更要給予慈愛與寬容，以開放的心聆聽喪親者的心思意念，不以個人的過去經歷或價值觀點分析與判斷，或以自認為好的調適方法要喪親者接受。

例如對喪失子女的，有些人會安慰：「孩子再生就有，快快生一個吧！」或者失去伴侶的，有的人會急著介紹新的對象，希望空缺的位置有人填滿。或是喪親者悲傷歷程尚未完成，暫時無法面對社交生活，親友卻積極安排旅遊或社交活動，強烈要求喪親者走出來。

這些方法並非幫助喪親者重新定位和死者的關係型態，也非從自身內在找尋力量，超越這個苦難，好進一步在破裂中獲得身心靈的和諧，反而只是不斷借重外界物質或刺激，暫時轉移或替代真實的悲傷感受。

失喪親人雖是人類共有的經驗，但這經驗中的內涵與感受卻是獨特的，難以推論，所以安慰喪親者絕無定律與規則。想要安慰或陪伴喪親者的有心人士，可以從接納與寬容做起，像是對喪親者表達感同身受：

「你失去了一位重要的親人，心裡被撕裂的感覺真的很痛。」

「這一切太意外了，讓人無法置信，讓人身心都亂了。」

也可給予無條件的接納：

於是，我可以
好好說再見

「哭吧！這種痛需要眼淚來撫慰。」

「你可以生氣，因這一切太混亂，讓人失去了控制力，讓人好慌張、好急切。」

這些言語道出了喪親者存在卻無法啟齒的感受（因有些不合乎社會文化價值和禮儀），會讓他們感覺被理解。而你的無條件接納與從容陪伴，也將使他們安心與放心。能安心的讓人陪伴，能放心的吐露心情，能不擔心遭遇異樣眼光與言論，這便是最美的安慰，也是最舒適與最放鬆的安慰，我想，這一刻，便是心與心最近的距離了。

清楚瞭解自己的限度與心理狀態

當然，有些時候，我們的確沒有準備好，心理沒有足夠的空間，內在也沒有足夠的能量來承接悲慟情緒。因此，我也常一而再、再而三的提醒每個人都需要覺察自己的限度，與能做到的部分。

如果心裡一股腦兒要自己做到完美、做到完全，卻絲毫不關切自己的承受度與各方面限度，便可能在不知不覺中出現了負向互動歷程，覺得自己做得好多、陪伴了好久，怎麼對方的狀況還是一直反覆，還是常常難過或者無力。

當我們給予對方關懷時，要能明白，悲傷療癒過程並不容易，也不是可預料多長的時間可以完成。除了需要耐心，也需要一些溫柔。

如果說陪伴者所能做的是什麼，便是「在陪伴中，讓悲傷歷程中的人依照自己需要，回顧過往與逝者的生活點滴，可以完整敘說發生在自己身上的故事（承認與接納）」。在敘說中，反覆經驗與釋放悲傷的痛苦感受，並學習適應一個逝者已不在的新環境（內在心靈與外在環境），然後在漸漸調整到一個平穩心靈後，重新找尋情感投注的新對象，同時再次連結與逝者的新關係狀態。

這樣的陪伴一定不是幾分鐘、幾小時，或幾天就可以達成的。陪伴者需要放掉掌握與期待，讓自己可以以心相會，並藉著陪伴的過程，一同學習歷經這不容易的生命課題；在一同學習的前提下，有所獲得的，有所成長的，絕對不會只是喪親者而已。

於是，我可以
好好說再見

【作業】

同理共感的陪伴

若你是關懷者，試著瞭解自己對悲傷的態度和感受

你是否害怕看見人的悲傷，也懼怕面對人的痛苦？

你過去是否有歷經失喪的經驗？你自己如何經歷？如何因應？

當你在陪伴時，你是否有所期待？那會是什麼？

你對於自己的能力與限度是否有所瞭解？什麼是可突破、可改變？什麼是不可改變的限制？

過去有陪伴關懷的經驗嗎？回顧一下那些經驗是什麼樣的經驗，有什麼不足或缺乏嗎？如果現在開始可以有所改變，你會從哪一些部分著手？

雖然人要完全的感同身受是困難的，因為我們都帶有自己的主觀經驗，又加上每個人皆是獨立的個體，要完全的體會另一個人的感受，基本上是無法達成的。然而，即使有這樣的限制，但當我們願意離開本位中心，試著揣摩或「好像是」身處於對方的處境，感受對方的情感體會及歷程，因為人是有共感能力（又稱同理神經迴路），因此在人類的經驗上找到彷彿可以體會、好像可以貼近與理解的那一份心理連結，還是可行的。

而正是因為這樣的連結，我們放慢腳步、放下期待、放開自我期許，而能真正的投入與另一個人的生命經驗中，試著去明白和體驗那份感受，這正是陪伴的發生。真實的陪伴對方，不帶有任何目的、企圖與強迫，讓陪伴是一份安穩的支持與同在，讓陪伴是悲傷經驗中，溫柔的見證。

【結語】

用心去活

悲傷是特別的人生時刻。這個時刻，讓我們的生命腳步被迫慢下來，不得不端詳起生命本質，是人生的慢速道。

許多人將悲傷視為「負向」狀態，因此以「負向」眼光看待悲傷的存在。事實上，人生不會永遠只有成功，或永遠只有光采亮麗，那並不實在，也非真實。人生裡必然包含著高低起伏，這樣的高低起伏要的不是讓人切割掉低落點，只追求高點，而是要體悟出高低乃是生命常態。無論高與低、得與失，皆可以涵納進生命中，安然接受這種時刻在生命中存在，然後安適自在。

因此，我們可以正面的看待失落與悲傷的存在，以正向的眼光接納悲傷是生命中的一部分，

於是，我可以好好說再見

不因此批判自己，也不因此傷害他人。

藉著失落的體驗，人可以更體察生命，學習珍惜當下、珍愛所擁有的關係，將悲傷的力量投注在對你個人有意義的事物上；也可以因為經歷悲傷，而學會更體會他人的感受（同理的展現），並學習面對真實的生命感受，以真實姿態存在於生命之中，真正體會「用心活著」是什麼感覺。

「用心去活」，不是口號，而是一件很難，卻是生命很重要的事。用心去活，最根本在於能「用心感受」。心既然是「活的」，便會自然感受到生命中的歡喜與悲傷；能感受喜樂，也會感受到痛苦。因為有所感受，就不會麻木的要求自己只能感受到「某一種感受」，而杜絕掉不想感受到的感受。

因此，我們可以這麼說，許多人為了避掉痛苦感受，把感受扼殺，連帶的，也扼殺了感覺歡樂的能力，生活中死氣沉沉，沒有活力，也沒有能量。

在我的經驗中，我看見許多人在歷經失喪之痛後，反而更展現出活著的力量與活著的姿態。他們懂得把握生命，懂得珍惜彼此，懂得愛與付出，懂得奉獻，也更懂何謂生命的療癒。

當然，也有人錯失了這重要的學習，放棄了這一門課題。

但既然你拿起了這本書閱讀，相信你正視了你的悲傷，也願意給予你自己活下去的力量及勇氣。

對我來說，失喪之後，讓心可以回溫，可以願意再感受世界，願意再投入未完的人生旅程，是最難的事。失喪雖讓我們受傷，而且讓我們誤以為，只要不再擁有任何的關係，就可以防止任何再受傷的可能。這是建立高牆的做法，把自己與世界隔絕，也與愛與關懷隔絕，也許這可以讓你安全，卻不能讓你活得自在與自由，更不能讓你體會生命的美好。活下來，除了像是自我行刑般的不斷受罰外，就體會不到別的生命經驗了。

如果你有幸，存活了下來，你的心也隨著存活了，不會只是你的身體與四肢；你的心靈還有想再感受、再體會的事，你的生命才得以存留。尊重你的生命，愛惜你的生命，相信你的旅程雖不再有熟悉與所愛的人同行，但他們曾給你的保護與關懷、支持與珍愛，都已確實的留給了你。你只要開啟它們、運用它們，它們就帶你走過這一段悲傷的路程，並讓你從中真正感受什麼是活著。

你當然還是可以再微笑，你當然還是可以再追求你的夢想，你當然還是可以好好享受生活，好好吃飯好好睡覺，你當然還是可以體會你想體驗的事，你當然還是可以實踐你對生命的熱情，你當然還是可以成為你自己。不是你失去了摯愛的人，這些都必須離你遠遠的。也不是你不再是你自己，你只是一種應付生活、勉力存活的工具。

無論你正在歷經悲傷，或是已度過了一些時日，也許你已有些心得，也許你什麼都體會不到，這都無礙於你將走過的人生特殊景色。對你而言，可能如同走在沙漠，走在陡峭山壁，

於是，我可以
好好說再見

或走在荒山野嶺，只要你持續往前走，這歷程都會有屬於它的驚奇，與它所提供的幫助，還有屬於它的冒險歷程。

帶著你的心，走過它。你的心能為你記錄每一刻的感受與體會，也會告訴你，哪一個方向才是你下一段人生真正想要的。

【附錄一】

悲傷關懷可以從這兒開始（簡易版）

◎如果我喪親，經歷失落悲傷，我可以怎麼做？

A 允許自己好好的哭一場，眼淚是最不傷害人的釋放壓力方法。

B 找一個能夠支持自己的親人或朋友，吐露自己的心情感受與遭逢的經驗。

C 做一些事，表達自己對失落對象的悼念，可以是寫封信，可以是摺百鶴，可以是祈禱，可以是以任何的儀式表達哀悼與祝福。

D 在歷經許多儀式與後事的處理之後，挪出一些與自我共存的時間，體會自己的心情感受，

於是，我可以
好好說再見

也讓自己可以有所沉靜，寫寫手札與日記以安放念頭或情緒。

E　發覺自己需要有人協助或陪伴時，能為自己找到可行性的協助管道：一些可聯繫的電話號碼、一些可以來身邊陪伴的人選名單、一些可以協助的機構單位。

F　特別的時刻，容許自己有特別的生活步調，並給予自己寬容與溫柔的話語，支持自己度過艱難的時刻。

G　發現自己有特殊的心理癥結過不去，協助自己找到適切的心理諮商機構。

H　喪親過後，慢慢學習自我關照：關照自己的身心變化，瞭解自己的需要，減少只能靠自己堅強度過的念頭。

I　若可以，參加一些相同經歷的人所組成的團體，共同經歷一些調適過程，例如：喪親情緒支持團體、失落陪伴體驗團體、悲傷關懷互助團體。如此也可以獲得一些新的支持網絡。

J　尋找一些自己需要的力量，例如：信仰、親友過去所給予的愛、自己所相信的信念，幫助自己在脆弱無助時，可以感受到穩固保護與安全的愛。

◎如果我的親友喪親，經歷失落悲傷，我可以怎麼做？

A　提供陪伴，不需太多言語，而是給予穩定的陪伴。也可以適度的擁抱與扶持。

B 做好心理準備，當親友想談談時，準備擔任悲傷的承接容器，承接住親友的哀慟之情。

C 細心觀察親友的變化，若發現超出自己能力所能協助的，真誠告知親友，並協助尋求適切的助人機構。

D 表達一些溫暖的關懷；藉著一些卡片、一些花束、電話慰問或是一些相關書籍。

E 當要以話語表示安慰時，請以同理心與包容語句為主，例如：「我感受到你的哀慟，也很心疼你所承受的一切。」（參考二四六頁的例句）

F 陪伴喪親者的悲傷同時，也需照顧自己的身心感受與需求，勿有勉強與不得不的自我要求，如此會適得其反。

G 當親友過得不好時，我們會感同身受，但請注意自己是否對於別人的痛苦過於焦慮與不安，使自己無法給予對方足夠的哀悼空間。

H 多用「問句」替代告訴對方該怎麼做。例如問對方：「希望我為你做什麼，你會覺得好過一點？」而不去告訴對方一堆人生大道理或生死觀點。給予關懷是給予別人所需要的關懷，而非自以為重要的東西。

I 尊重親友經歷悲傷的步調與需求，以理解取代建議。

J 當發現自己在關懷親友時產生一些個人情緒，或引發自己的失落悲傷經驗時，容許自己可以求助，尋求專業的心理諮商協助。

◎療傷安慰的建議語句

・「我感受到你內心的哀慟，也很心疼你所承受的一切。」
・「心裡或許很難接受所發生的事，不用強迫自己，請給予自己多些時間與空間。」
・「看見你所承擔與承受的辛苦與悲傷，這很不容易。若可以，請讓自己有些休息，給自己更多的照顧。」
・「若有什麼我可以協助或可以幫忙的，請讓我知道，我願意陪伴。」
・「別給自己太多壓力，也別逼自己應該要如何，允許自己可以悲傷，也給自己一段時日沉澱與整理最近的遭遇。」
・「我相信還有許多不能明白的疑惑，也會有過不去的念頭或情緒，請給自己多一些空間，容許自己摸索與瞭解。摸索的過程若需要陪伴者，我會在這裡。」
・「我知道會有一段時日，你會不太好，也知道你對人生會有重新整理的過程，如果你需要我為你做些什麼，請讓我知道。」
・「關於逝去的人，我們都會難捨，也會思念。若你想要有人和你一同想念，請讓我知道。」
・「我知道他在你心中有特別的位置，那個位置不可取代，也不需抹滅，而我們會悲傷，是因為我們曾真心的愛過與付出。」

【附錄二】

心理支持與照顧資源（實際服務內容、服務方式，以機構告知為準）

◎心理諮詢及協談專線

張老師各中心聯絡方式（全國簡撥碼：1980）
國際生命線（全國簡撥碼：1995 要救救我）
安心專線（全國簡撥碼：1925 依舊愛我）

◎收費的專業心理諮商機構

可洽詢各地諮商心理師或臨床心理公會「諮商所」與「治療所」名錄

◎不定期辦理喪親者、喪偶者支持團體的機構

・台北市一葉蘭喪偶家庭成長協會　喪偶者情緒支持互助團體

地址：台北市大安區臥龍街 1 號 7 樓之 1

電話：（02）2311-8572

・天主教康泰醫療基金會　傷慟領悟團體

地址：106 台北市大安區羅斯福路三段 245 號 8 樓

電話：（02）2365-7780

・佛教蓮花基金會　悲傷者支持團體

地址：台北市大同區承德路三段 230 號 4 樓

電話：（02）2596-1212

・癒心鄉心理諮商所

地址：台北市北投區明德路 365 號（國立臺灣護理健康大學學思樓 5 樓 F514 教室）

電話：（02）2821-2559

・社團法人台灣失落關懷與諮商協會

地址：台北市北投區明德路 365 號（國北護生諮系）

臉書粉專：社團法人台灣失落關懷與諮商協會

電話：0972-129-582

參考書目

- Caldwell, C.（2004）《身體的情緒地圖》（廖和敏譯）。台北：心靈工坊。（原著出版於1996年）
- Doka, K. J.（Ed.）.（1996）. *Living with Grief After Sudden Loss*. Washington, DC: Hospice Foundation of America.
- Doka, K. J.（Ed.）.（2002）. *Disenfranchised Grief: New Directions, Challenges, and Strategies for Practice*. Champaign, Illinois: Research Press.
- Ekman, P.（2004）. *Emotions Revealed:Understanding Faces and Feelings*. New York: Owl Books.
- Neimeyer, R. A.（2000）. *Lessons of Loss: A Guide to Coping*. Memphis: University of Memphis.

- Neimeyer, R. A.（Ed.）.（2000）*Meaning Reconstruction & the Experience of Loss*. Washington, DC: American Psychological Association.
- Schupp, L. J.（2003）. *Grief: Normal Complicated Taumatic. Wisconsin*: PESI Health Care.
- Stroebe, M. S., Stroebe, W. & Hansson, R. O.,（Eds.）.（1993）, *Handbook of bereavement*. UK: Cambridge University Press.
- Yalom, I. D.（2003）《存在心理治療【上】——死亡》（易之新譯）。台北：張老師。（原著出版於 1980 年）
- Yalom, I. D.（2003）《存在心理治療【下】——自由、孤獨、無意義》（易之新譯）。台北：張老師。（原著出版於 1980 年）
- Robbert A. Neimeye.（2015）《悲傷治療的技術——創新的悲傷輔導實務》（章惠安譯）。台北：心理出版社。
- Alexander Levy.（2016）《成年孤兒》（洪明月譯）。台北：寶瓶文化。
- Julia Samuel.（2017）《悲傷練習》（羅亞琪譯）。台北：商周出版。
- Guy Winch.（2018）《不必為悲傷感到抱歉》（朱靜女譯）。台北：天下雜誌。
- Megan Devine.（2019）《沒關係，是悲傷啊！——直視悲傷的真相，練習守護自己與關愛他人的情緒照護指南》（謝慈譯）。台北：遠流。

- Worden, J. W.（2020）《悲傷輔導與悲傷治療——心理衛生實務工作者手冊【第五版】》（李開敏、林方皓、張玉仕、葛書倫譯）。台北：心理出版社。（原著出版於 2001 年）
- Irvin D. Yalom, Marilyn Yalom.（2021）《死亡與生命手記——關於愛、失落、存在的意義》（鄧伯宸譯）。台北：心靈工坊。
- Vanessa Moore.（2022）《一千個日子與一杯茶——一個臨床心理學家克服悲傷的故事》（盧相如譯）。台北：菓子文化。
- 高璿圭。（2022）《你值得好好悲傷——我們都是自殺者遺族》（馮燕珠譯）。台北：春光。
- Megan Devine.（2022）《你不在，悲傷的我這樣生活——當心神離線、情緒潰堤，幫你找回所有需要的愛與寬容，守護生命中難以承受之慟【一書一手札】》（夏荷立譯）。台北：方舟文化。

國家圖書館預行編目資料

於是，我可以好好說再見：悲傷療癒心靈地圖（暢銷經典版）／蘇絢慧著. ——二版. ——臺北市；寶瓶文化事業股份有限公司, 2023. 03
面；　公分, ——（Vision；239）
ISBN 978-986-406-350-5（平裝）
1. CST:悲傷　2. CST:心理創傷　3. CST:心理復建

176. 52　　112002638

Vision 239

於是，我可以好好說再見——悲傷療癒心靈地圖（暢銷經典版）

作者／蘇絢慧（諮商心理師）

發行人／張寶琴
社長兼總編輯／朱亞君
副總編輯／張純玲
資深編輯／丁慧瑋　編輯／林婕伃
美術主編／林慧雯
校對／張純玲・劉素芬・陳佩伶・蘇絢慧
營銷部主任／林歆婕　業務專員／林裕翔　企劃專員／李祉萱
財務／莊玉萍
出版者／寶瓶文化事業股份有限公司
地址／台北市110信義區基隆路一段180號8樓
電話／(02) 27494988　傳真／(02) 27495072
郵政劃撥／19446403　寶瓶文化事業股份有限公司
印刷廠／世和印製企業有限公司
總經銷／大和書報圖書股份有限公司　電話／(02) 89902588
地址／新北市新莊區五工五路2號　傳真／(02) 22997900
E-mail／aquarius@udngroup.com

法律顧問／理律法律事務所陳長文律師、蔣大中律師
如有破損或裝訂錯誤，請寄回本公司更換
著作完成日期／二〇二三年一月
二版一刷日期／二〇二三年三月
二版二刷日期／二〇二三年三月二十八日
ISBN／978-986-406-350-5
定價／三七〇元

AQUARIUS 寶瓶文化事業

愛書人卡

感謝您熱心的為我們填寫，
對您的意見，我們會認真的加以參考，
希望寶瓶文化推出的每一本書，都能得到您的肯定與永遠的支持。

系列：Vision 239　**書名：於是，我可以好好說再見——悲傷療癒心靈地圖（暢銷經典版）**

1. 姓名：＿＿＿＿＿＿＿＿　性別：□男　□女

2. 生日：＿＿＿年＿＿＿月＿＿＿日

3. 教育程度：□大學以上　□大學　□專科　□高中、高職　□高中職以下

4. 職業：＿＿＿＿＿＿＿＿

5. 聯絡地址：＿＿＿＿＿＿＿＿＿＿＿＿＿＿＿＿＿＿＿＿

   聯絡電話：＿＿＿＿＿＿＿＿　手機：＿＿＿＿＿＿＿＿

6. E-mail信箱：＿＿＿＿＿＿＿＿＿＿＿＿＿＿＿＿

   □同意　□不同意　免費獲得寶瓶文化叢書訊息

7. 購買日期：＿＿＿ 年 ＿＿＿ 月 ＿＿＿日

8. 您得知本書的管道：□報紙／雜誌　□電視／電台　□親友介紹　□逛書店　□網路　□傳單／海報　□廣告　□瓶中書電子報　□其他

9. 您在哪裡買到本書：□書店，店名＿＿＿＿＿＿　□劃撥　□現場活動　□贈書　□網路購書，網站名稱：＿＿＿＿＿＿＿　□其他＿＿＿＿＿＿

10. 對本書的建議：（請填代號　1. 滿意　2. 尚可　3. 再改進，請提供意見）

    內容：＿＿＿＿＿＿＿＿＿＿＿＿

    封面：＿＿＿＿＿＿＿＿＿＿＿＿

    編排：＿＿＿＿＿＿＿＿＿＿＿＿

    其他：＿＿＿＿＿＿＿＿＿＿＿＿

    綜合意見：＿＿＿＿＿＿＿＿＿＿＿＿＿＿＿＿＿＿＿＿

11. 希望我們未來出版哪一類的書籍：＿＿＿＿＿＿＿＿＿＿＿＿＿＿＿＿

讓文字與書寫的聲音大鳴大放

寶瓶文化事業股份有限公司

（請沿此虛線剪下）

廣 告 回 函
北區郵政管理局登記
證北台字15345號
免貼郵票

寶瓶文化事業股份有限公司收

110台北市信義區基隆路一段180號8樓

8F,180 KEELUNG RD.,SEC.1,

TAIPEI.(110)TAIWAN R.O.C.

（請沿虛線對折後寄回，或傳真至02-27495072。謝謝）